人文社科
高校学术研究论著丛刊

文进荣 著

基于专业发展的教师职业道德构建

中国书籍出版社
China Book Press

图书在版编目(CIP)数据

基于专业发展的教师职业道德构建 / 文进荣著. --北京：中国书籍出版社，2020.6
ISBN 978-7-5068-7851-7

Ⅰ.①基… Ⅱ.①文… Ⅲ.①教师－职业道德－研究 Ⅳ.①G451.6

中国版本图书馆 CIP 数据核字(2020)第 083508 号

基于专业发展的教师职业道德构建

文进荣　著

丛书策划	谭　鹏　武　斌
责任编辑	吴化强
责任印制	孙马飞　马　芝
封面设计	东方美迪
出版发行	中国书籍出版社
地　　址	北京市丰台区三路居路 97 号(邮编:100073)
电　　话	(010)52257143(总编室)　(010)52257140(发行部)
电子邮箱	eo@chinabp.com.cn
经　　销	全国新华书店
印　　刷	三河市铭浩彩色印装有限公司
开　　本	787 毫米×1092 毫米　1/16
印　　张	15.75
字　　数	215 千字
版　　次	2021 年 1 月第 1 版　2021 年 1 月第 1 次印刷
书　　号	ISBN 978-7-5068-7851-7
定　　价	76.00 元

版权所有　翻印必究

目 录

第一章 绪论 …………………………………………………… 1
    第一节 教师专业与教师专业发展 …………………… 1
    第二节 教师专业发展的影响因素及现实意义 ……… 8
    第三节 教师职业道德与教师专业发展 ……………… 14
    第四节 师德境界的提升 ………………………………… 16
    第五节 教师的道德行为选择 …………………………… 19

第二章 教师与教师职业道德 …………………………… 26
    第一节 中小学教师的职业特性分析 ………………… 26
    第二节 教师职业道德的内涵 …………………………… 31
    第三节 中小学教师职业道德的形成过程与发展
            阶段 ……………………………………………… 35
    第四节 学习与实践教师职业道德的意义 …………… 37

第三章 教师职业道德的原则 …………………………… 41
    第一节 教师职业道德原则概述 ………………………… 41
    第二节 中小学教师职业道德的具体原则阐述 ……… 49
    第三节 中小学教师职业道德基本原则的要求 ……… 57

第四章 教师职业道德的规范 …………………………… 59
    第一节 中小学教师职业道德规范的沿革 …………… 59
    第二节 当代中小学教师职业道德的基本特征 ……… 64
    第三节 新时期教师职业道德规范内容解读 ………… 67

第五章 教师职业道德的范畴 …………………………… 93
    第一节 教师义务与教师良心 …………………………… 93

第二节　教师公正与教师仁慈 …………………………… 99
　　第三节　教师威信与教师幸福 …………………………… 107

第六章　中小学教师在具体活动中的师德 ………………… 113
　　第一节　师生关系中的师德 ……………………………… 113
　　第二节　教师与同事关系中的师德 ……………………… 122
　　第三节　教师与学生家长关系中的师德 ………………… 127
　　第四节　教学工作中的师德 ……………………………… 136

第七章　教师职业道德的培养 ………………………………… 143
　　第一节　培养教师的职业道德品质 ……………………… 143
　　第二节　进行教师的职业道德教育 ……………………… 158
　　第三节　重视教师职业道德修养 ………………………… 162
　　第四节　建立健全当代教师职业道德建设机制 ………… 175

第八章　教师职业道德的评价 ………………………………… 183
　　第一节　教师职业道德评价的重要性与评价依据 ……… 183
　　第二节　教师职业道德评价的原则与标准 ……………… 190
　　第三节　教师职业道德评价的形式和方法 ……………… 196

第九章　新时期教师职业道德构建的前景展望 …………… 216
　　第一节　历史发展中教师职业道德建设的继承和
　　　　　　借鉴 ……………………………………………… 216
　　第二节　教师职业道德建设的现实审视与未来
　　　　　　走向 ……………………………………………… 239

参考文献 ………………………………………………………… 243

第一章 绪 论

教师的职业道德修养贯穿教师专业发展的全过程,是引领教师职业行为的内在灵魂,是走向教师幸福人生的必由之路。鉴于此,有必要对教师职业道德相关内容进行研究,以促进教师专业发展。

第一节 教师专业与教师专业发展

一、教师专业

专业是社会发展到一定阶段,随着社会分工、职业分化而出现的,是社会进步的标志。专业至少应具有以下几个基本特征。

第一,专业有以服务和责任为宗旨的专业伦理。

第二,专业有一个健全的组织,业内人士享有自治和自主权。

第三,专业人士垄断业内知识,专业具有排外行性和不可替代性。

第四,专业人士享有较高的专业权威、社会地位和经济报酬。

第五,从业人员应接受长时间的、严格的职前专业学程教育和不间断的职后进修。

下面将对教师专业的相关知识进行简要阐述。

(一)教师专业标准

国际上,一般从专业知识、专业技能和专业情意三个方面来制定教师专业标准。

1. 专业知识

教师的专业知识是教师研究中开始得比较早的一个领域,在众多的研究中,美国学者舒尔曼所建构的教师专业知识结构最有影响,他认为,教师专业知识结构包括七个方面(见图1-1)。

```
舒尔曼所建构的教师专业知识结构
├── 学科内容知识
├── 课程知识
├── 一般教学法知识
├── 学科教学法知识
├── 有关学生的知识
├── 有关教育情况的知识
└── 其他课程知识
```

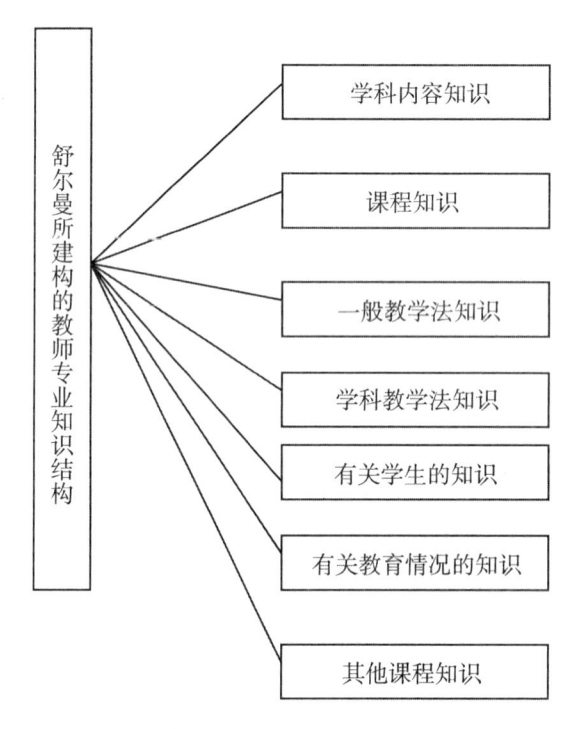

图1-1 美国学者舒尔曼所建构的教师专业知识结构

我国学者申继亮和辛涛等人提出教师专业知识结构(见图1-2)。

2. 专业技能

教师的专业技能是指教师在教学过程中运用一定的专业知识和经验顺利完成教学中某种任务的活动方式。教师的专业技能可以分为教学认知能力、教学监控能力和教学操作能力三个方面。

```
                    ┌─ 本体性知识
申继亮和辛涛等人      │
提出教师专业知识  ────┼─ 实践性知识
结构                  │
                    └─ 条件性知识
```

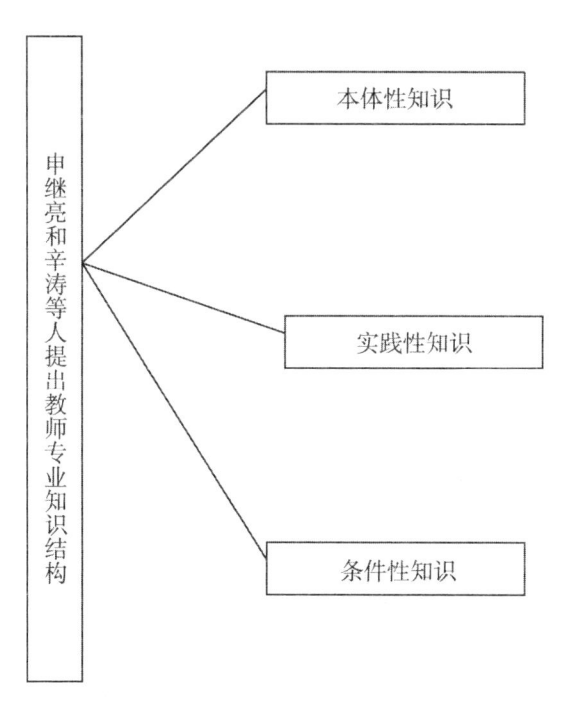

图 1-2　我国学者申继亮和辛涛等人提出教师专业知识结构

(1) 教学认知能力

教学认知能力是指教师对自己所教学科及所教学生的心理特点及自己所使用的教学策略等的理解水平。

(2) 教学监控能力

教学监控能力是指教师为了保证达到理想的教学效果而不断对教学活动进行积极的检查、评价及调节等。

(3) 教学操作能力

教学操作能力是指教师在教学中引导学生掌握知识、运用多种策略解决问题的水平。教学操作能力是教学能力的集中体现。

3. 专业情意

教师的专业情意主要包括以下几个方面(见表 1-1)。

表 1-1 教师的专业情意

教师的专业情意	具体内容
专业性倾向	教师的专业性倾向是指教师成功进行教学工作所具有的人格特征或者说适合教学工作的个性倾向
专业信念	教师的专业信念是教师对成为一个成熟的教育教学专业工作者的向往与追求
专业自我	教师的专业自我包括自我尊重、自我意象、工作动机、工作满意感、任务知觉和未来前景等。它是个体对自我从事教学工作的感受等,是显著影响教师教学行为和教学效果的心理倾向
专业情感	一个好的教师一定会热爱自己的职业,会对教学工作投入极大的热情,只有这样,教师才能真正地好好教学,才能取得较好的教学效果。情感投入是教师专业发展的关键

(二)教师专业制度

教师专业制度主要有以下几个方面。

1. 教师资格证书制度

美国是最早产生教师资格证书制度的国家,在美国出现这一制度之后,一些西方国家也开始陆续实施这一制度。随着世界各国教育改革的不断深化,我国的教育改革也被提上了日程。2000年9月23日,教育部在总结教师资格过渡和面向社会认定教师资格试点工作经验的基础上,颁布了《〈教师资格条例〉实施办法》,这标志着全面实施教师资格制度工作正式启动。尽管各国的教育目的、教育制度等不尽相同,但意图确实一致的,即以立法的形式规定教师的任职资格,并确定教师的职业地位。

2. 教师任用制度

教师资格证书制度和教师任用制度密切相关,但是两者是不同的。教师的任用是以"教师资格证书"的获得为基础的,有了教师资格证书,并不意味着可以得到教师职位,而要得到教师职业必须首先获得教师资格证书。

3. 教师进修制度

教师进修制度与教师资格制度、教师聘任制度一样是世界教育发展的潮流。世界各国都把教师的在职进修作为职前培养的延续和师范教育不可或缺的组成部分，实现在职进修和职前培养的一体化。

二、教师专业发展

（一）教师专业发展的含义

教师专业发展是指教师在整个专业生涯中，通过终身专业训练，习得教育专业知识技能，实施专业自主，表现专业道德，并逐步提高自身素质，成为一个良好的教育专业工作者的专业成长过程。

（二）教师专业发展的特点

教师专业发展具有显著的特点，概括来说主要包括以下几个方面。

1. 教师专业发展是一个有意识的过程

教师专业发展的目的是使教师成为一个成熟的专业人员。在这一过程中，教师对专业自我、专业角色的认识，对教育、学校的理解以及对所教学科、对学生成长与发展过程中的价值认识等需要不断深化。

2. 教师专业发展是一个系统的过程

教师的专业发展不仅要考虑长期的变化，而且还要考虑组织中各层次之间的关系变化，如果没有一个较为系统的策略，那么即使教师本身的专业知识在不断得到深化发展，而其他的组织变量没有得到重视，教师的专业发展同样不会取得较好的效果。

3. 教师专业发展是一个持续的过程

教育是一个动态的专业领域,其知识基础在不断地扩展。为了与这些新知识、新技能、新理念、新要求保持同步,教师一定要是终身学习者,所以说,教师专业发展是一个持续的过程。

4. 教师专业发展是一个自主发展的过程

自主发展强调教师是专业发展的主人,并对自己的专业发展负责,之所以说教师专业发展是一个自主发展的过程,是因为教师应该具有自主发展的意识,要通过不断地学习、实践和反思等发展自己的专业能力,使自己的教学能力得到不断提高。

(三)教师专业发展的内容

关于教师专业发展的具体内容有许多不同的说法,概括来说,其主要包括以下几个方面(见表1-2)。

表1-2 教师专业发展的具体内容

教师专业发展的具体内容	具体阐述
遵守职业道德	教师的职业道德是教师对职业行为的自觉追求,是教师从事教育教学活动时的基本道德规范,也是教师专业发展的道德基础。如果不能认真遵守职业道德,那么教师的专业发展就是无源之水
拓展专业知识	美国卡内基教学促进会主席舒尔曼认为,教师必备的专业知识至少应该包括以下几个方面 第一,学科内容知识 第二,一般教学法知识 第三,课程知识 第四,学科教学法知识 第五,学生及其特点知识 第六,教育脉络知识 第七,教育目的目标、价值、哲学及历史渊源知识

第一章 绪 论

续表

教师专业发展的具体内容	具体阐述
形成专业思想	专业思想是教师在深入理解教育工作的目的、本质、价值的基础上所形成的关于教育教学的基本观点和信念。由于教育专业思想是动态发展的,所以,每位教师都必须通过广泛学习教育理论与总结反思自我教育实践来形成自己的教育专业理念、专业思想,而且还必须使其不断更新、不断发展,并永远走在时代的前沿
发展专业自我	教师专业自我是教师在职业生活中创造并体现符合自己志趣、能力与个性的教育教学生活方式,以及个体自身在职业生活中形成的知识、观念、价值体系与教学风格的总和。教师专业自我的形成过程,是在教师与外界环境的相互作用过程中教育教学素养不断提高的过程,是教师职业生活个性化的过程,也是良好教师形象形成的过程。一旦专业自我形成,它不仅影响教师的工作态度和教育行为方式,而且直接影响教育教学效果
提升专业能力	专业能力是教师在教育教学活动过程中运用一定的专业知识和经验顺利完成某种教育教学任务的活动方式和本领。概括来说,教师的专业能力主要包括教学语言能力、教育研究能力、教学设计能力、教育教学交往能力、调控课堂的能力、创新能力
建构专业人格	教师的人格形象是教师在教育教学活动中心理特征的整体体现。教师的专业人格是教师专业发展的心理基础。教师专业人格的建构,是其在教育教学过程中随着对教育的本质与价值、对学生生命与特征、对自我生命与生活的深切感悟理解的基础上而逐步形成的,是教师在长期的教育实践中对职业道德和教育理想自觉追求的结果,是教师专业发展心智成熟的表现

第二节 教师专业发展的影响因素及现实意义

一、教师专业发展的影响因素

教师专业发展的影响因素主要包括以下几个方面。

(一)认知能力

教学认知能力是指教师对教学及其情境进行存储、加工等的能力。这种能力主要表现在对课堂信息的感知、注意和加工等方面。认知能力是教师教学能力的核心成分,是教师基于长期的教学经验和积累而形成的有效开展教学活动的能力。认知能力对教师的专业发展具有重要的影响,概括来说主要包括以下几个方面。

第一,认知能力对教师的教学效能产生具有重要影响。

第二,认知能力对教师教育机智的形成和发展具有重要影响。

第三,教师如果具有较高的认知水平还能为学生营造良好的学习氛围和广阔的发展空间。

(二)教育信念

教育信念是人们对某种教育理念、教育事业或教育主张等较为宏观和抽象事务的信奉。教育信念是积淀于教师心智结构的价值观念,是教师从事教育事业的精神支柱,常作为一种无意识或先验假设支配着教师的教育行为。概括来说,教育信念具有以下基本特点(见表1-3)。

表 1-3 教育信念的特点

特点	具体阐述
个体性	教育信念的个体性是指教育信念经由个体内在的感悟而生成并存在于个体内心世界,通过个体的思想和教育实践表现出来
情感性	教育信念的情感性是指教育者所产生的对教育的情感体验,这种情感体验会影响教育行为的选择
价值性	教育信念的价值性是指教育信念总是包含对教育价值的认识和判断
坚定性	教育信念的坚定性是指教育信念表明一个人对教育价值的稳定的、长期的看法,一旦确立,就比较稳定,不容易受外界影响而产生变化

(三)教师文化

教师文化是指在学校教师群体内形成的共同的理想、作风、行为准则等。教师文化是隐性的、无形的,对学校全体教师的发展具有导向作用、激励作用、凝聚作用、创新作用、规范作用、辐射作用和共同发展作用。现代教师文化要体现出教师之间合作的开放性,教师按照某种方式在互动中获得彼此的支持,从而达到教师专业发展的目的。教师专业发展的理想是教师群体共生的发展,教师个体可以实现自身的专业发展,但是个体在发展到一定阶段时往往容易出现"高原"现象,这时只有通过在合作中学习,在学习中合作,在合作中探索和共同成长,才能一起面对各种挑战,教师专业发展才能不受到限制,教师素质也才能得到不断提高。

(四)学校氛围

学校氛围是指一所学校内部形成的,对其内部成员的态度、信念、价值观念、行为等产生潜移默化影响的心理环境。学校氛围影响和规范教师的思想和行为,使教师能够理解和接受学校固有的价值观和基调,从而引起教师气质的同一性。一所学校的氛围一旦养成,就会保持相对稳定,学校中的每位教师都会潜移默化地受其影响,会按照某种方式去说话和做事。一位初任教师进入教师职业团体后,会逐步认同组织人格,养成集体意识。这种组织人格的认同和集体意识的养成,使教师成员产生强烈的集体责任感和荣誉感,自觉地把个人的思想、感情和行动与团体联系起来,在自己的工作岗位上尽职尽责。因此,在一所学校中的教师由于长期受到共同的学校氛围的影响,他们的精神状态和文化素养往往表现为这所学校教师共有的气质和风度。所以说,良好的学校氛围能够激励着教师不断发展。

(五)学校管理

为实现学校培养人才这一教育目的,根据教育政策和教育规律,对影响学校绩效的各种可资利用的校内外资源所进行的计划、组织、指挥和牵制活动就是学校管理。学校管理的方式可以分为专制管理和民主管理两种。

1. 专制管理

为了实现组织的目标,专制管理在管理方式上必然会对员工进行一定的强迫和控制,需要用惩罚的手段予以控制或威胁,并强调严密监督下属的必要性和在组织中实行层层控制的必然性。在这种管理方式下,教师在人格上和精神上得不到应有的尊重,工作中始终处于被动的服从,缺乏工作的满足感,难以发挥教师的主动性和创造性,难以使教师获得专业发展。

2. 民主管理

在民主管理方式中,管理者以引导的方法,调动员工的主动性和积极性,使他们发挥自己的创造能力、知识和技术,既能达到组织的目标,又能实现个人的目的。民主管理方式可以充分吸收教师参与学校的管理与决策,激发教师的工作积极性,提高他们的工作满意度,使教师的智慧才能得到充分发挥,极大地促进教师的专业发展。

(六)教育政策

教育政策是国家和政府在一定时期为实现一定的教育目的而制定的有关教育方面的行动准则。教育政策渗透到社会和教育活动的各个领域,发挥着指导作用,并深刻影响着教师的专业发展,这主要表现在以下几个方面。

第一,教育政策为教师的基本生活和工作提供必要的保障,对教师的生存和发展具有重要的影响作用。教师的工资水平是影响教师队伍稳定的最直接的因素。为此,许多国家和政府都制定了有关教师待遇的政策,为教师的专业发展提供了相应的保障。如果教师的工资水平无法得到保障,那么直接的后果就是教育领域难以留住高素质的教育人才;间接的后果则表现为教师对自己的职业不满意,经常担心自己的工资水平,从而无法提升自己的专业水平。因此,维持教师基本的工资水平是教师专业发展的先决条件。

第二,教育政策对教师的引导作用主要从两个方面表现出来:一是为教师的发展提供明确的目标,明确的目标能够极大地激发教师的工作积极性,对教育事业的发展具有重要意义;二是指导教师的行为,教育政策通过确定实现目标所必需的行动策略、方法、措施,指导教师行为。

第三,教育政策对教师专业发展具有激励和促进作用,这种作用主要是通过教师的奖惩制度、考核制度、聘任制度以及培养培训等制度来实现的。

(七)社会角色期望

社会对任何一种社会职业都赋予了社会期望,教师这个职业也不例外。教师这一职业具有复杂性,社会给予的期望也是多样性的,一般来说,教师在学校教育中充当以下角色。

第一,教书育人的角色。

第二,行政管理的角色。

第三,心理辅导的角色。

第四,学者与学习者的角色。

第五,学生家长的代理者角色。

第六,模范公民角色。

社会赋予教师这些社会角色期望,一方面引导了教师的发展,另一方面也给教师一种社会压力,迫使教师通过自身的发展来满足社会群众的期望。社会角色期望给教师专业发展指明方向,也给教师专业发展带来压力,极大地影响教师的专业发展。

(八)社会价值观体系

社会价值观由个体的价值观整合而成,一旦社会价值观形成,对每一个社会成员都会产生深刻的影响。积极的价值观对人的行为产生积极影响,消极的社会价值观对人的行为产生消极影响。目前,我国正处于市场经济如火如荼的发展时期,市场经济浪潮以教育经济、教育产业等形式,带给学校传统教育观念层层冲击,以此导致的社会价值取向倾向于功利主义。这种功利主义价值观往往会严重破坏人们对于理想的追求,使教师失去自我,倾向于寻求利益最大化。因此可以说,社会价值观体系对教师专业发展具有重要的影响作用。

二、教师专业发展的现实意义

教师专业发展具有一定的现实意义,具体来说主要表现在以下几个方面。

(一)教师专业发展对提升教师地位具有积极意义

20世纪80年代以来,教师专业发展日益成为人们关注的焦点。只有不断提高教师的专业水平,才能使教学工作成为受人尊重的一种职业,而教师专业发展是提高教师专业水平的有效路径。换句话来说,教师专业发展有利于社会越来越尊重教师职业,使教师的职业声望不断提高,从而有助于提高教师的政治地位、经济地位和社会地位。

(二)教师专业发展对促进教师职业成熟具有重要作用

第一,教师职业培养更加专业化和系统化,以适应社会对不同层次的教师的需要,为社会的发展提供合格的教师来源,并根据国家的需要进行适当的调整。

第二,教师不仅要掌握专业学科知识、教育学学科知识,还要具有社会所需要的人格魅力,使教师在承担教育任务的同时,完成教化学生、培养学生健全人格的任务。

第三,教师培训专业化。教师培训、继续教育是教师专业化的产物,也是保证教师教育质量的有力手段。

第四,教师任用制度化。教师的专业发展与教师教育的高质量需求是联系在一起的,并因此促进教师职业趋向成熟。

第五,教师群体和教师职业的道德规范的形成和稳定发展。教师的道德规范、价值观是随教师职业的专业化形成的。它包括对教师职业的热爱、对学生的热爱以及对自身的高要求等。

(三)教师专业发展对优化教师素质具有积极意义

教师是未来国家建设者和接班人的培育者,肩负着开启民智、传承文明的使命。教师仅具备一个现代人的基本素质是远远不够的,还必须具备教师职业所需要的特殊的专业素质。教师的素质直接关系到教育质量,关系到人才培养的质量。教师承担的使命要求教师必须具备合格的思想政治素质、科学文化素质、教育理论素质、教育能力素质、身体和心理素质等。此外,社会的进步、科技的发展以及知识经济时代的到来,对教师素质也提出了越来越高的要求。教师专业素质的提高不再是依靠职前系统定向培养一次性完成,而是需要延伸和覆盖教师的整个职业生涯。教师专业发展给教师个体和群体都提供了优化素质的途径,对优化教师素质具有积极意义。

(四)教师专业发展有助于推动社会进步

教师专业化与社会进步密切相关。根据社会学理论,个体和群体的社会化是社会进步的一个重要标志。社会化在形成和维持人与社会的这种相互依存的关系中,起着重要的作用。社会进步总是以高度的分工和专业化为重要的标志。一个具备全面适应能力的社会是一个高级社会,这种社会应该具有以下三个特征。

第一,有较多的子系统。

第二,各部门较专业化。

第三,具有较为有效的总体整合办法。

教师在被社会影响的同时,也在影响着社会,与社会形成共生共存的关系,这一群体自身也具备了高级社会的特征,并且还会随着社会的进一步发展而发展。教师专业发展通过促进教师职业的专业化来推动教师个体和群体的社会化,最终推动社会进步。

第三节 教师职业道德与教师专业发展

教师职业道德是教师专业发展的核心内容,是教师专业发展的动力支持,教师职业道德的提升是更高层次的教师专业发展。加强教师职业道德建设是推进教师专业发展的必然需求。

一、教师职业道德是教师专业发展的核心内容

要促进教师专业发展,首先应明确"专业"的基本特征。相关研究表明,"专业"具有以下几个方面的特征。

第一,具有自主权利的专业团体与明确的职业道德。

第二,具有高度专门的知识与技能并自觉使其发展。

第三,具有服务和奉献精神。

可以看出,具有职业道德与服务、奉献精神,是使一种职业成为专业的重要特征之一。换句话说,一种职业的专业化发展,必须有职业道德的规范和提升,否则很难实现真正的专业发展。一个人选择或从事一种专业不仅要拥有专门的知识与技能,而且要具备该专业的职业道德。对于教师来说,如果仅仅拥有高深的专业知识和精湛的教学技能,而没有教师所应该具备的职业道德,那么仍然不能是一名合格的、称职的教师。由此可见,教师职业道德是教师专业发展的核心内容。

二、教师职业道德是教师专业发展最重要的动力支持

教师专业发展的过程是师生共同感悟生命的价值,实现自身生命价值的过程。教师专业发展的根本动力是源自自身的内驱力,即教师对生命的感悟、激情和创造等内在因素。而这些内在因素的激活需要教师职业道德作动力支持。教师职业道德能激发教师对教育、对生命价值的感悟,能激发教师对教育事业的热爱,能让教师的职业生命永葆活力,为教师专业发展提供内在动力。教师专业发展的最终目的是促进学生的全面可持续发展,而学生的全面发展,不仅仅是要求学生学会科学文化知识,而且还要在学习的过程中不断完善自身的人格和形成良好的品德,这就要求教师不仅要教给学生各种科学文化知识,还要用自身的职业道德去感染学生。而提升教师职业道德是完善教师人格和提升其品格的重要途径。

三、教师职业道德的提升是更高层次的教师专业发展

教师职业道德的建设就是帮助教师确立坚定的职业信念和远大的职业理想的过程。将教师专业发展仅理解为专业知识与技能的发展,理解为教好书,这种认识是肤浅的。我们应追求更

高层次的专业发展,那就是使教师具有深邃的教育理念和博大的师爱,形成坚定的职业信念,建构自己的教育哲学,培育个性化的教育风格,将教育看作终生追求的事业,实现专业自主发展。尤其在当今社会,市场经济高度发展,基础教育课程改革日趋推进,社会对教育的要求日益多元化和精致化,使得教师的工作更为复杂,职业压力加大。在这种情况下,想要成为一名合格的教师,就必须要有坚实的职业道德作支撑。只有这样,教师才能站在理性的高度,才能达高致远。因此,更高层次的教师专业发展应是专业理想、专业信念的确立,以及专业品质的提升,而专业品质的提升是以教师职业道德的提升为核心内容的。

第四节 师德境界的提升

一、师德的境界

(一)第一重境界——教师是一种职业

将教师当成一种职业是师德的第一重境界,教师本来就是一种职业,是一种谋生的手段,将教师只是当成一种职业是一种非常正常的谋划和就业选择。教师既然选择了这一职业,就应该认真钻研业务,在自己的工作岗位上勤勤恳恳,努力工作,遵守职业道德,尽最大的努力将自己的工作做到最好。

(二)第二重境界——教师是一种理想

教师是一种神圣的职业,是教授给学生知识、给学生以指导的人,他们担负着为国家培养合格建设者的重要使命。将教师当成是一种理想,是师德的第二重境界。将教师职业当成是一种理想的人会将教师应该做的事情看成是非常重要的事情,他们都能积极主动地去做好各种事情,这期间不会存在强迫行为,不会产生负面情绪。将教师职业当成理想的人只有尽了最大的努力将各种事情做到最好才会觉得自己无悔。

(三)第三重境界——教育是一种艺术

能够将教育看成是一种艺术,这是师德的第三重境界,也是一种最高的境界,要达到这一境界,教师必须要做到以下几点。

第一,教师要能真正实现与学生心灵的沟通。

第二,教师要拥有良好的心态,要懂得将学生看成是与自己平等的个体,给予他们尊重与爱,给他们鼓励。

第三,教师要能融入学生,切实了解学生的感受,及时给予其情感需求。

第四,教师要了解每个学生的身心特点,并能够因材施教。

第五,教师在教学过程中要不断总结经验,将最适合学生的经验总结出来,以便于日后可以更好地服务学生。

第六,教师要创造愉悦的氛围,让学生在快乐中学习,只有学生从心里爱学习,才能真正学好。

二、提升师德境界

教师良好的师德修养对学生的影响极大,因此,教师必须要努力提升自己的师德境界,概括来说,教师可以通过以下几种方法来对自己的师德境界进行提升。

(一)注重理论学习

加强理论学习是加强教师职业道德修养的必要方法。

第一,教师要在理论学习中对教师职业道德的规范及要求等有一个深入的了解,提高遵守教师职业道德的自觉性。需要明确,要将教师职业道德很好地转化为教师的内心信念,是需要一个不断学习的过程,只有学习好这些理论知识,才能将其深化为自己的信念,从而更好地教学。一些教师做出违背教师职业道德的一些事情有时并非是有意的,而是缺乏教师职业道德的相关知识,因此,教师注重理论学习是非常必要的。

第二,教师要认真学习理论知识,树立正确的世界观和人生观。教师只有具有正确的世界观和人生观,才能具有较高的师德觉悟,才能热爱教师工作,才能把培养学生和为教育事业作贡献看成一种幸福和快乐。

第三,教师应该学习科学理论,掌握教书育人的本领,只有这样,才能明确知道自己的重要作用,才能采取科学有效的方法指导学生,也才能使教师更加严格地要求自己,加强自身的职业道德修养。

(二)虚心向他人学习

虚心向他人学习是加强教师职业道德修养的一个好方法,善于向别人学习的人,才是最有发展前途的人,才有可能成为师德修养高的教师。

第一,虚心学习他人,要注意从教育家那里汲取思想营养。一些教育家如徐特立、陶行知、吴玉章等,他们向我们展示了人民教师的理想人格,只有主动了解优秀人民教师的事迹,才能学习他们的优良品质,也才能最终提升自己的职业道德修养。

第二,虚心学习他人,要注意从身边的教师身上汲取营养,要学习身边优秀教师的优点,取他人之长补己之短,学习优秀教师,既能帮助我们提高对师德的认识,又能诱导和激发我们的师德情感。

第三,虚心向他人学习还包括要向自己的学生学习,虽然学生的知识面相较于教师来说较窄,但他们身上的一些优良品质还是值得教师学习的,教师应该努力发现学生身上的闪光点,诚心诚意地向他们学习,从而在师生互学互勉中提升自己的教师职业道德品质。

(三)注重内省和慎独

内省,是指自觉地进行思想约束,是靠主动来完成的,自觉性如果不高就无法真正完成内省。慎独是指在自己独处时,别人看不到也听不到的情况下也要严格要求自己的一言一行,使自己的行为符合道德的要求。慎独既是一种崇高的道德境界,又是一种道德修养的重要方法。教师的具体工作具有很强的自主性和独立性的特点,所以对于教师职业来说,一定要注重内省和慎独。

(四)要有坚持不懈的精神

教师职业道德修养的提升是一个长期的、持续的过程,这就必然要求教师要具有坚持不懈的精神。教育活动在开展的过程中会出现各种各样的问题,所以教师总是会面临着各种困难与挑战,因此,教师必须不断提升自身道德修养,不断磨练自己,只有做到坚持不懈,才有可能使自己的职业道德境界得到极大提升。

(五)要注重实践的作用

教育实践是加强教师职业道德修养的途径,是检验教师职业道德修养的唯一标准,更是教师职业道德修养的目的和归宿。根据教师职业道德规范的要求,与教育实践相结合,是加强教师职业道德修养的根本方法。教师不仅要学习科学理论知识,更重要的是要身体力行,把自己学到的理论知识用于指导自己的教育实践,培养良好的品行。教师只有在教育实践中,才能正确认识教育活动的各种利益和道德关系,才能使自己的道德品质得到提高。

第五节 教师的道德行为选择

道德行为是指那些为善的意识所支配,体现社会利益关系,可以进行善恶评价的行为。教师道德行为的选择是指教师主体在一定的道德意识的支配下,根据某种道德标准,在不同的价值准则或善恶冲突之间作出的自觉自愿的道德行为选择。

一、教师道德行为选择的必要性

(一)教师道德行为选择是满足自身生存和发展需要的基本途径

人是社会存在物,每个人必须生活在社会中才能成为真正的人,才能有所谓的个人需要和利益,个人只有在与他人的合作中才能使自己的需要和利益得到最大的满足和实现。在社会现实生活中,教师作为个体之所以必须遵守道德行为规范,是出于自身和社会发展的需要。作为社会存在物,人类的生存和发展与社会和他人密切相关,个体的行为能否得到社会和他人的赞许和承认,是人的一切利益中最基本的利益。而要得到社会和他人的认同和赞许,个人的行为就必须选择符合社会道德规范的要求。只有这样,个人的行为才能得到社会和他人的认同和赞许。由此可见,教师道德行为选择是满足自身生存和发展需要的基本途径。

(二)教师道德行为选择是完善人性的需要

在现实生活中,人性的高尚与否取决于每个人对自我德性的造就,从根本上来说,人性作为一种可能性,向善和向恶都是有可能的,如果个体能够进行自觉的道德行为选择,那么人性就是向善的,相反,如果个体不能进行自觉的道德行为选择,那么人性就是向恶的。在现实生活中,我们可以发现,每个人身上所体现出来的人性既有优美崇高的一面,也有卑劣丑陋的一面。教师道德行为选择的目的和宗旨就是对教师人性进行扬善弃恶。

(三)教师道德行为选择是社会发展和人自身发展的客观需要

在学校生活中之所以要进行道德行为选择和用道德观念来审视自己的行为,是因为虽然每个人都是根据自己的需要来进行的活动,但是这种需要必定是在一定的社会关系中通过一定的社会实践来实现的,因此,个人只有在特定的社会中才能确定自己的地位和行为取向等。个人与社会是相辅相成的关系,个人不能离开社会而生存,社会离开了人也不会存在。个人对他人和社会有自己的自主的特性,正是个人的自主性以及个人与社会的差异性,才导致社会存在的必要性和个人与社会的统一性。一个社会要存在和发展,就必须要有共同的道德行为准则,并要求全体社会成员共同去遵守和维护,这就要求人们作出正确的道德行为选择,只有这样,才能保证社会的和谐与健康发展。作为一种自主的选择,教师道德行为选择旨在维护社会的和谐、健康发展,对社会发展和个体自身发展具有十分重要的意义。

二、教师道德行为选择的动因

教师道德行为选择的动因是指教师进行道德行为选择时的动力和原因。概括来说,教师道德行为选择的动因主要包括以下几个方面。

(一)良心

良心是指存在于人们内心深处的一种意识活动,是人们履行义务的强烈责任感和自我评价能力,是人们意识中各种道德心理因素的有机结合。良心是一个人在履行对他人和社会的义务中形成的道德上的责任感,是一个人内在的一种有关正邪、善恶的理性判断和评价能力,是一个人在社会生活实践中形成的道德的认知、道德的情感、道德的意志和道德的信念在个人意识中的综合统一。教师行为良心是教师在履行义务过程中逐渐形成的一种道德意识。其社会和心理特征主要表现在以下三个方面。

第一,教师行为良心是指教师在教育过程中认识到自己应该做到的教育职责和任务而产生的履行教师义务的强烈的愿望。

第二,教师行为良心是多种行为心理要素在主体意识中的有机结合,是道德认识、道德情感、道德意志和道德信念等各种行为的心理要素相互交融、相互作用的结果。良心把人的心理中的一切层次,理性的、情感的、意志的,甚至潜意识的、直觉的等因素,都有机地结合成一个严密的、内在的道德心理机制。良心不仅仅依靠理性,事实上,教师的情感、意志、直觉等品性也都作为"人类心灵的触须",而对良心的形成和实现其教育职能发生着重要的影响和作用。

第三,教师行为良心是自身内在理性判断和自我评价的能力体现,是教师自身在深刻理解国家和政府制定的法律、法规与道德原则等的基础上,以高度负责的态度对自身行为的善恶进行自我评价的心理过程。在教师的行为选择活动中,良心总是表现为对自己行动的谴责或者赞扬,并严格要求个体按照这种谴责或者赞扬去行动。良心是教师自身在行为选择过程中发自内心深处的认知和理性的隐约声音。

教师良心的本质特征是它的自律性。这种自律性在行为选择过程中发挥着独特的动因作用,主要表现在以下三个方面。

第一,良心对于一个人的道德行为选择起着"指挥官"的作用。因为一个人在选择道德行为之前,总是从某种动机出发进行道德选择,这时,良心便按照一定的要求对教师的行为进行检查,对符合道德要求的动机加以肯定,而对不符合道德要求的动机加以批评,从而使个体选择正确的动机。

第二,良心对于一个人正在选择的行为起着"检察官"的作用。教师行为本身是一个极为复杂的过程,在进行行为选择过程中,良心对于符合个体道德要求的情感、意志、行为方式等予以激励,而对于不符合自身道德要求的情感和欲望加以纠正。因此可以说,良心对于一个人正在选择的行为起着"检察官"的作用。

第三,良心对于一个人的行为选择起着"审判官"的作用。在行为选择完成之后,对于履行了义务并且产生良好效果的行为,良心会感到比较欣慰,而对于没有履行义务并且产生了不良后果的行为,良心会感到悔恨和羞愧,以致使个体陷入极度痛苦之中。这种痛苦往往能够形成强大力量,从而促使个体改正自身的错误。因此可以说,良心对于一个人的行为选择起着"审判官"的作用。

(二)义务

义务是指教师履行道德行为的责任。义务之所以能够成为教师进行道德选择的动因,是因为义务本身具有他律性,这种他律性主要表现在以下三个方面。

第一,义务的他律性在于它是现实社会关系和利益关系的产物,教师主体的义务与权利是在现实的社会关系和利益关系的基础上确定的。

第二,义务的他律性在于教师只有从社会角度和公共利益的角度观察才能正确认识到自身应该履行的义务。

第三,义务的他律性在于它的内容是由国家、政府和教师主体的性质、任务、政策、法律以及伦理原则所确定的,是不以教师主体的主观意志为转移的客观规定性。

(三)价值目标

行为主体的任何道德意识和道德活动,必然都有一个目标。这个目标,除了从事每一个行为选择的目标之外,还有一个总的最终目标——价值目标。价值目标联系着一个人的一切行为活动,贯穿于一个人的全部行为活动和实践之中。价值目标是行为选择总的、评价命令性的目的,它保证道德意识、道德活动和道德规范的作用的统一,保证对行为选择进行调节的明确目的性。价值目标体现着道德的核心原则以及全部规范,并使之具体化。

在当代中国,教师行为选择的价值目标具有丰富的内涵,它体现着中国现今社会生产力的发展要求,体现着中国先进文化的前进方向和中国最广大人民的根本利益。教师行为选择的价值目标只有同现今社会生产力的发展要求、中国先进文化的前进方向以及最广大人民的根本利益相联系起来,才能形成正确的价值目标。

三、教师道德行为选择的模式

教师道德行为选择的模式主要包括以下几种。

(一)良心型行为选择模式

良心型行为选择模式是指以良心作为自身行为选择的动因。良心型行为选择模式重视良心在选择中的自律作用,从而赋予行为选择以较为充分的主体性,使人们意识到自己对社会负有行为的责任,对公众的命运负有行为的责任,而这也就是对自己的行为的评价。对自己的行为的道德满足或者与之相反的行为良心谴责,就是这种道德评价的结果。在实践中,以良心作为选择的动因,尽管在一定范围内可以作出符合道德的行为选择,然而毕竟范围有限。在复杂领域的行为选择中,作为自律的良心需要有作为他律的义务的辅助,需要向价值目标升华。

(二)义务型行为选择模式

义务型行为选择模式是指把义务作为自身的行为选择的动因。这种选择模式既具有积极的作用,也有消极的作用。

1. 积极作用

义务型行为选择模式由于具有他律性质,所以从整体上反映了行为领域所提出的客观道德要求,从而能够在外在方面影响他人的行为,成为人们进行道德行为选择的基本道德动因之一。

2. 消极作用

义务型行为选择模式容易把义务夸大为一个人进行道德行为选择的唯一动因,从而忽视良心和价值目标在道德选择中的重要作用,从而导致行为选择片面性的出现。

(三)价值目标型行为选择模式

价值目标型行为选择模式是指以价值目标作为行为选择的

动因。从行为选择的动因角度来看,价值目标型行为选择模式是一种较为完善、较为全面、较为科学的选择,这主要表现在以下两个方面。

第一,价值目标是在义务与良心、他律与自律的基础上形成的,它既包含了主体所自觉意识到的客观性(他律),又形成于主体的主体性(自律)。因此,价值目标型行为选择模式,实质上是以义务、良心和价值目标三者的有机结合作为选择的道德动因。在这种行为选择中,义务与良心的统一升华到新的高度,从而使人的行为选择更加科学和完善。

第二,价值目标型行为选择模式的基本精神在于当个人利益与集体利益不一致时,个人利益能够服从集体利益。在任何情况下都不能牺牲个人利益的人是不可能做出崇高的道德行为选择的。

第二章 教师与教师职业道德

教师是一个神圣的称号,教师职业历史悠久而又永远充满活力,是人类最高尚的职业之一,教师职业要求每一位教师都要遵守教师职业道德,做一个有理想、有道德,忠于人民教育事业的人。

第一节 中小学教师的职业特性分析

任何职业都具有一定的职业特性,中小学教师这一职业也不例外,认识中小学教师的职业特性,对于理解和把握教师职业道德具有重要意义。概括来说,中小学教师的职业特性主要有以下几个方面。

一、育人性

中小学教师职业劳动的育人性是由教育的质的规定性所决定的。教育的质的规定性简单来说就是培养人,是以促进人的身心发展为首要和直接的目的。教育所包含和所要解决的特殊矛盾,就是受教育者个体与代表社会发展要求的教育要求之间的矛盾。简单来说,教育的目的就是把人类世世代代积累下来的优秀文化知识转化为学习者个体的知识和智慧,使他们的素质得到提高,能够为社会的发展贡献自己的一份力量。可见,培养人是教育的最根本的立足点。教育的这一质的规定性,决定了教师职业劳动的目的就是培养人,同时也决定了教师职业劳动具有育人性的显著特点。

二、复杂性

教书育人是教师职业的首要任务,即把人类社会积累下来的科学文化知识、职业道德规范等总结出来,然后有计划地统一传授给学生,使学生能够在短时间内快速、有效、系统地掌握这些知识和道德,使其成为自身修养的重要组成部分,从而对人类社会的发展作出积极贡献。教师要想顺利完成这样的任务,必须要通过自己的艰辛劳动给学生思想以启示,激发和点燃学生思维的火花,只有这样才能帮助学生更好地成长、成才。所以,教师只有通过复杂的脑力劳动和体力劳动才能完成这一艰巨的任务,由此可以说,教师的职业具有复杂性的特点。

三、示范性

教师职业具有示范性的特点。教育劳动是教师将人类长期积累的知识成果,通过自己的理解、消化,以一定的方式、技巧传授给学生,并以自身正确的政治思想和优良的道德品质去感染学生。在物质生产劳动中,劳动者(人的因素)和劳动资料(物的因素)两者是可以分离开来的,但在教师的劳动中,这两个因素是不可分割的,可以说,教师本人就是最主要的劳动手段,这就决定了教师要用自己的言行作出榜样和示范,不仅要用自己的学识,更重要的是要用自己的品格去教人,必须以身为教,为人师表。对于教师来说,教育劳动的特殊性对教师本身的素质要求更高一些,这与教育对象的知识层次和思想境界相联系,也与劳动产品的高级性与专门性相联系。教师素质的高低、知识的多少和能力的强弱将会直接影响教育质量的高低。因此,加强师资队伍建设是搞好教育的关键。

四、多样性

之所以说中小学教师职业具有多样性的特点,是因为教育的对象是正在成长中的有思想、有感情、有理想的活生生的人。由于来自学生家庭方面的和来自社会经济、政治、文化、道德、风俗等方面的原因,不同年龄、性别的学生在个性心理、思想、情感、能力、爱好等方面也有所不同。面对这种复杂的教育对象,教师必须充分发挥自己的聪明才智,在了解学生的基础上,利用一切积极因素和条件,对学生施加综合的教育。此外,由于受到自身家庭和社会各方面主客观因素的影响,每一个学生还具有许多不确定的变化。作为教师,除了要对学生尊重和热爱,还要对学生有充分的了解,尽量根据每个学生的特点对其进行针对性的教育。

五、往复性

任何劳动过程都是劳动者运用一定的劳动工具和手段作用于一定的劳动对象而生产出一定劳动产品的过程,不过教师劳动过程有其特殊性。由于学生个体的特殊性和成长的连续性,无论是知识的传授还是品德的培养,都不是一蹴而就的,教师必须做到不厌其烦,诲人不倦。同时,由于专业与课程的稳定性,教师在培养一批又一批学生的劳动过程中,对每一批学生的教育和培养也是一个不断往复递进的过程。《管子·权修》说:"一年之计,莫如树谷;十年之计,莫如树木;终身之计,莫如树人。"这说明教师对学生的培养是一个长期的、反复的、艰辛的劳动过程。

六、持久性

教师劳动的成果需要一个较长的时间过程,具有一定的持久性。之所以会具有这一特点,其原因主要包括以下两方面。

第一,知识的掌握是长期积累的结果,技能技巧的形成也需要反复地练习,行为习惯和思想品德的养成更非一日之功。学生受年龄、阅历、经验和知识等方面的限制,在知、情、意、行等方面往往是多变的,容易受到临时动机的干扰,在成长过程中具有不稳定性和反复性,使得教师的教育活动不可能一次奏效。

第二,一个人在某个阶段的成长也能使教师劳动的效果得到某种检验。比如,经过一个学期的学习,学生的数学成绩提高了多少,语文成绩提高了多少,待人处事的能力提高了多少,行为习惯改变了多少,等等。但是,人才成长和教育效果最终要在学生参加社会实践之后才能得到真正的检验。

七、艰巨性

教师的工作平凡而又伟大,教师职业劳动的任务光荣而又艰巨。之所以说中小学教师职业具有艰巨性的特点,其原因主要包括以下几个方面。

第一,从劳动对象上来说,教师劳动的对象是学生,每个学生的性格特点等各不相同,这就要求教师在教育教学工作中,既要按照统一的标准来培养学生,又要根据不同学生的特点因材施教。

第二,从劳动过程上来说,教师劳动的过程是一个综合运用智力的过程。特别是在施行新的课改方案的过程中,大到一门课程的改革,小到一堂课的设计,教师都要付出多方面的努力。同时,教师的劳动虽以个体劳动为主,但要在学生身上形成最佳的教育效果,教师还必须善于协调家庭、社会和学校教师之间的各种关系,善于组织利用学生成长的积极因素,使学生在最佳影响中不断进步。然而,要使诸多影响因素形成合力,做到学校与家庭、教师与教师、特别是学校与社会之间的协调一致,则是一项十分艰巨的工作。

第三,从劳动内容上来说,为了培养合格的社会人才,促进学生全面发展,教师既要关心学生的学习成绩,还要关心学生的身体;既要培养学生适应社会的能力,还要培养学生改造社会的能力。总之,教师既要教书,同时还要育人,肩负着将学生培养成符合社会发展需要的人才的重要责任。

八、创造性

教师工作不仅复杂,而且具有很强的创造性,这主要表现在以下几个方面。

第一,表现在知识传授上,对于一些新知识,教师一定要对其进行加工和改造,将其变为学生可以接受的知识体系,在讲授过程中,教师还要理论联系实际,用通俗易懂的方式传授给学生。

第二,表现在对现代教学技术的运用上,教师在运用这些教学技术时,既要根据不同的课程精心设计不同的课件,更要在讲述的过程中注意和学生的互动。总之,教师本身就存在着创造性。

第三,表现在对突发事件的应对上,在教育过程中,教育情景往往是难以控制的,常常会出现一些突发事件,对于突发事件,教师一定要学会捕捉教育情景的细微变化,迅速机智地采取恰当的措施,化消极因素为积极因素。

九、社会性

中小学教师职业劳动的目的是把一代又一代的青少年培养成为具有一定科学文化知识、基本劳动技能和高尚思想品德的劳动者,是一种同人类社会的文明紧密相关的具有社会性的劳动。之所以说中小学教师的职业具有社会性特点,其原因包括以下两个方面。

第一,教师职业要想取得理想的效果,离不开社会这个大系统的支持,只有借助社会中各方的力量,才能顺利实现教师职业的目标,所以说,中小学教师的职业具有社会性的特点。

第二,教师的劳动是根据社会发展的要求,有目的、有计划地对青少年进行思想道德等的传授,将他们培养成社会需要的合格人才,由此也可以看出教师职业具有社会性的特点。

第二节 教师职业道德的内涵

一、教师职业道德的概念

教师职业道德,又称"教师道德"或"师德",它是指教师在从事教育教学活动中所应遵循的行为准则和必备的道德品质,是调整各种教师职业关系的行为准则的总称。它是社会职业道德的有机组成部分,是教师行业特殊的道德要求。

二、教师职业道德的作用

教师职业道德的作用是多方面的,各种作用之间相互影响、相互作用。概括来说,教师职业道德的作用主要包括以下几个方面。

(一)教育作用

教师职业道德的教育作用体现在对教师的教育作用和对学生的教育作用两个方面。

1. 对教师的教育作用

职业道德对教师的教育作用是指通过教师的职业道德学习,培养教师的职业道德信念,提高教师的职业道德精神境界和师德水平,强化教师的责任感和事业心。具体来说,教师职业道德对教师的教育作用主要表现在以下几个方面。

第一,可以帮助教师正确认识自己职业的价值,教师担负着为社会培养合格人才的重要使命,没有人民教师,社会的进步会延缓,人类社会的发展将会停滞不前。

第二,教师职业道德教育,教师应该正确对待在教育过程中出现的各种问题,教师职业道德从社会需要和道德的角度指明了教师应该具有的坚定信念和应该努力克服教育过程中出现的各种问题,始终保持高尚的道德情操。

第三,教师职业道德教育,教师要正确处理教育过程中的各种关系。教师要热爱和尊重学生,要正确处理好与同事之间的关系,要恰当处理好与学生家长之间的关系,而对于尚缺乏经验的年轻教师,有经验的教师应该给予他们关怀,将经验传授给他们,使之能够更好地服务于教育事业。

第四,教师职业道德教育,教师要努力钻研业务,一个具有高尚职业道德的教师必须具有较高的专业能力,能够高屋建瓴地分析、处理教材。

2. 对学生的教育作用

教师是学生学习的最直观的榜样。教师的教育对象主要是儿童和青少年学生,他们处在成长和发展的关键时期,他们要懂得做人的道理,就得学习,既要向书本学习,又要向社会学习。教师把教育者对学生提出的思想道德方面的规范要求具体化、人格化,使学生从富于形象性的榜样中受到启迪和教育,从而增强言教的可信度、吸引力和有效性。学生可以从教师的道德行为中认识社会主义社会人与人之间平等、互助、友好、和谐的新型关系,体验社会主义道德的真理性和高尚性。如果教师能够始终如一地用自己的道德人格对学生加以示范和引导,就会有力地促进学生正确的道德观念的形成,并使这种观念向道德行为转化。

教师的道德通过学生所具有的"向师性"发挥教育作用,并体现在学生的模仿行为中。教师好的品质,自觉的道德行为,可以为学生所效仿;教师不好的品德,不自觉的道德行为,也会为学生所效仿。教师道德的教育作用还表现在,有助于在学生中建立起教师集体和个人的威信。这种威信是教育成功不可缺少的。威信不同于威严,威严可以用强制性手段维持,而威信只能来自教师的德和才。有德有才的教师在学生中才有较高威信。

(二)调节作用

调节作用是指通过教育、评价、命令等方式,指导和纠正教师的职业行为,协调教师劳动中的各种关系。它是教师职业道德的最基本也是最重要的作用。

调节教师劳动中的各种关系,首先当然要靠党和国家的方针、政策,要靠学校的教育计划、教学大纲、规章制度和纪律。但是仅有这些还是不够的,建立在人们内心信念基础上的教师职业道德在教育过程中的调节作用,是一切法规、制度等都无法代替的。

教师与学生的关系,是教育中最基本的人际关系。在教师与学生的关系中,教师处于主导地位。教师在选择教育行为时,可以这样做,也可以那样做;教师与学生发生矛盾时,可以这样处理,也可以那样处理。教师道德的调节作用在于,它不仅能够引导教师自觉选择符合教育规律要求的正确态度和正确方法,还能够通过社会舆论的监督和评价,使教师坚持符合道德要求的行为,终止或纠正违背道德要求的行为。

教师职业道德对于调节教育过程中的其他人际关系,如教师与教师、教师与学校领导、教师与学生家长的关系等,同样也具有重要意义。所有这些关系,都直接或间接地影响着教育过程和教育效果。教师道德则可以为教师提供认识和处理这些关系的正确态度和方法,以便随时协调好自己同其他教育者的行为,形成教育合力,更好地对学生开展教育。

(三)导向作用

导向作用是指教师职业道德的相关内容为教师指明了努力的方向,在教育活动中,教师处于主导的地位,教师对学生的成长具有重要的指导作用,教师职业道德的导向作用集中体现在教师职业道德的原则、规范和要求中,从本质上来说,教师职业道德的原则、规范和要求是一种对教师职业要求的行为准则。这种行为准则根据内容可以分为应该怎样的行为准则和不应该怎样的行为准则,这两种行为准则不仅规定非常明确和具体,而且导向性非常强,给教师指出了行动的方向。

(四)促进作用

促进作用是指教师职业道德对教育教学工作和社会精神文明建设具有一定的促进作用。

1. 教师职业道德对教育教学工作的促进作用

教师职业道德对教育教学工作具有直接的促进作用,这主要表现在以下几个方面。

第一,严格遵守教师职业道德的规范和要求,有利于教师在教育教学过程中选择正确的道德行为,避免其出现不道德的行为,以保证教育教学工作的顺利进行。

第二,教师具有良好的教师职业道德会得到学生的尊重、家长的肯定、学校的表扬,这将会极大地增强教师的自信,从而使教师在教育教学过程中更加充满干劲,更能够将教育教学工作做到最好。

2. 教师职业道德对社会精神文明建设的促进作用

教师职业道德对社会精神文明建设也具有积极的促进作用,这主要表现在以下几个方面。

第一,教师职业道德本身属于社会主义道德建设的一部分,加强教师职业道德的建设,提高教师的职业道德素养,将会对其他职业甚至是整个社会的道德建设都会产生积极的影响。

第二,教师的道德品质、敬业精神和行为表现,对学生成长有着重大的影响。当一批又一批的学生,带着教师道德品质的影响或"种子"走向社会,在各自的生活和工作中会自觉、不自觉地影响他人,从而促进整个社会的道德建设。

第三,教师职业道德还将通过教师自身的言行直接影响他人和社会。教师的一言一行,对家庭成员、亲朋好友、左邻右舍乃至其他人员,都有一种直接或间接的影响,进而对社会的精神文明建设产生积极的促进作用。

第三节 中小学教师职业道德的形成过程与发展阶段

一、中小学教师职业道德的形成过程

同其他事物的发展一样,中小学教师职业道德品质的形成有其内在的规律性。从品德心理学的角度看,教师职业道德的形成也是一个知、情、意、行的培养过程。为此,教师职业道德品质的培养也需要从道德观念、道德情感、道德意志、道德信念、道德行为和道德习惯几个方面入手,进行全面培养和提升。

(一)增强教师的职业道德观念

教师在职业道德形成的过程中要理解和掌握教师道德的基本原则,提高道德认识。为此,学校领导、各级教育行政部门应该加强对教师进行职业道德基本常识和基本理论的教育,使教师懂得自己哪些行为符合教师职业道德,哪些行为违背教师职业道德,这样就能首先在思想认识上构筑起一条道德防线,为教师教育教学行为的道德性奠定思想基础。

(二)坚定教师的职业道德信念

教师有了坚定的职业道德信念,就会使其道德行为表现出坚定性。教师的职业信念一旦确立,其道德行为和道德观念的一致性就不可动摇。

(三)陶冶教师的职业道德情感

教师的职业道德情感是关于教师在教育教学过程中的言行举止,是否符合职业道德规范而产生的情绪体验。作为教师,应该有高尚的职业道德,这就需要教师不断陶冶自己的道德情感,使自己对善与美的认识具有价值认同感。

(四)磨砺教师的职业道德意志

教师职业道德意志是教师在道德修养实践中克服困难的一种力量。教师要培养治学严谨的品格,就必须有一种顽强的意志。教师有时为了证明一道数学题,往往会牺牲自己很多休息的时间,如果没有顽强的意志是做不到的,正是在这样的实践中,教师的道德意志得到了磨砺,同时也培养了教师良好的职业道德品质。

(五)培养良好的道德行为和道德习惯

教师的道德行为是在教师的道德观念、道德情感、道德意志和道德信念支配下采取的行动。教师在教育教学活动中的道德行为,是评价教师道德品质好坏的重要标志。教师在职业道德修养中有良好的道德行为,久而久之,就形成了教师良好的道德习惯。从道德观念到道德行为,再形成道德习惯,是教师职业道德形成的全过程。

综上所述,教师职业道德形成过程中有教师职业道德观念、教师职业道德情感、教师职业道德意志、教师职业道德信念、教师职业道德行为习惯诸要素。它们是相互联系、相互促进、相互作用的。只有这样,教师才能在实践工作中达到崇高的教师职业道德,表现出高尚的职业道德品质。

二、中小学教师职业道德发展的阶段

从教师的专业成长历程来看,中小学教师职业道德的发展阶段可以分为职前教育阶段、职业实践阶段和终身追求阶段。

(一)职前教育

教师职业道德是社会道德的重要组成部分,是道德在教师职业领域中的特殊表现。职前教育的目标主要在于使教师成为一个具有良好道德修养的人,这是保证教师职业道德的底线达标,即先为人,后为师。

(二)职业实践

职业实践是教师职业道德养成的根本保证,在教育教学过程中,教师会遇到各种各样的问题,在解决这些问题时,教师总是被要求要具有自己的独特方式,即要有所创新。因此,教师需要不断提升自己的专业素养,在实践中不断践行职业道德规范,提升职业道德水准。

(三)终身追求

社会在发展,知识在更新,教师要想跟上时代发展的脚步,必须要不断学习,终身学习。当然,教师所追求的职业理想也是没有止境的,教师必须不断学习,自觉从各方面抓住一切机会来提高自己。另外,教师需要在面对学生和教学工作时产生一定的成就感,这样才会拥有不断进行学习的动力,否则,教师容易出现心理倦怠,从而缺乏追求理想的动力。

第四节 学习与实践教师职业道德的意义

教师是发展教育事业最基本的依靠力量,建设一支高素质的教师队伍是发展教育的关键,师德建设则是教师队伍建设的核心。系统地学习教师职业道德的基本理论,增强践行教师职业道德的自觉性具有极为重要的意义,这主要体现在以下几方面。

一、学习与实践教师职业道德有助于学生道德观念的形成

青少年学生处于长身体、学知识、立品德的重要时期,具有极强的模仿性和可塑性。教师作为学生成长中的"重要他人"发挥着突出的作用。学生直接从教师的教育劳动中表现出来的道德意识和道德行为中汲取是非善恶的观念。对于年龄尚幼的小学生而言,教师是比父母更重要、更具影响力的人,教师的一言一行、一举一动都对小学生直接起着启蒙作用。对于中学生来说,他们正处于世界观、人生观、价值观等形成的重要时期,已经能够对教师的教育行为进行是非善恶之分,所以这时教师对学生的影响更深刻。由此可见,教师职业道德在学生成长的各个阶段都具有重要的作用。

二、学习与实践教师职业道德有助于学生道德行为的养成

良好道德行为的养成虽然需要教师向学生教授正确的道德知识,但更需要教师促成道德知识、观念的外化。教师作为学生在学校生活中接触到的最直接、最真实的道德榜样,可以通过自己的身体力行来印证课堂的言教,给学生一种无法物化在书本上的人生智慧。这种身体力行的示范比明理言志更深刻,比高谈阔论更生动,更具撼动人心的说服力。总之,在教育过程中,教师对学生起着重要的榜样作用,教师职业道德不仅对教师自身是一种行为规范,而且对学生具有重要的影响。

三、学习与实践教师职业道德有助于教师职业道德信念的坚定

教师职业道德的基本理论指明了教师应该具备的基本道德

品质以及为什么应该具备这些品质。教师只有对师德修养的重要性具有一定的认同感和信服感，才能不断通过理论学习来提高自身的道德品质。所以说，教师职业道德为教师选择合理的行为确立了基本规范、原则，是教师坚定职业道德信念的标准，是教师自觉提高师德修养的指南，学习与实践教师职业道德有助于教师职业道德信念的坚定。

四、学习与实践教师职业道德有助于教师事业心与责任感的增强

教育是一种复杂的社会实践活动，其中的道德矛盾和利益关系也是错综复杂的。尤其是我国正处于深刻的社会变革中，教育领域也出现了大量的道德疑难问题，如请客送礼、学术造假等。面对诸如此类的问题，如何正确地去思考和行动，就需要教师拥有高尚的职业道德。因为只有当教师职业道德规范和原则内化为教师个体品质后，它才成为一种内在力量，指导和支配着教师的行为，使他们在纷繁复杂的现实生活中保持强烈的事业心和责任感。

五、学习与实践教师职业道德有助于促进良好社会道德风气的形成

学习与实践教师职业道德有助于促进良好社会道德风气的形成，这主要表现在以下几方面。

第一，通过教师亲自参与社会活动，直接影响社会。在社会活动中，教师业已形成的道德品质不会因为离开职业生活而消失，而是将这些优良品质带进家庭生活，与家人相亲相爱、与亲朋友好往来、与邻里和睦相处，在公共生活中尊老爱幼、遵纪守法，这无疑都会对良好社会风气的形成起促进作用。

第二，通过培养学生的优良品质，间接对社会产生影响。教

师在教学活动中所展现的面貌将会对学生道德品质的形成产生直接的影响,学生在走入社会之后,也会将自己所形成的品质带入社会,从而对社会道德风气的形成产生广泛而深刻的影响。

六、学习与实践教师职业道德有助于教育事业的顺利进行

教育活动中的各个过程都包含着各种道德关系,如教师与教师之间的关系、教师与学生之间的关系、教师与家长之间的关系等,处理好这些关系对教育事业的顺利发展具有积极意义。有效处理与协调这些复杂关系的最根本的途径是依靠教师自身良好的道德素质。教师如果拥有了良好的道德素质,便能够有效处理好教育事业中出现的各种关系,从而保证教育事业的顺利进行。相反,如果教师没有良好的道德素质,那么在教学过程中就会出现各种问题,如师生之间关系对立、紧张僵化,教师之间互相埋怨,教师与家长之间相互拆台,那么教育教学活动必定受到影响,教育效果必定大打折扣,这对于教育事业发展是极为不利的。所以说,学习与实践教师职业道德有助于教育事业的顺利进行。

第三章 教师职业道德的原则

教师在教育实践活动中,必须遵循一定的道德原则,以调整教育实践过程中的各种关系,保证教育实践活动的正常进行。教师职业道德原则作为对教师行为的基本要求和评价标准,在教师职业道德体系中居于主导地位。本章即对教师职业道德原则的相关内容进行简要阐述。

第一节 教师职业道德原则概述

一、教师职业道德原则的含义

可以从以下两个方面来理解和把握教师职业道德原则的含义。

(一)教师职业道德原则是评价教师职业行为的最高道德标准

之所以说教师职业道德原则是评价教师职业行为的最高道德标准,其原因包括以下两个方面。

第一,教师职业道德原则贯穿于教师的整个教育活动中,为教师的实践活动指明了方向,体现了教师职业道德活动的本质属性。教师职业道德原则在教师道德体系中具有核心地位,是评价教师职业行为的最高层次的道德标准。

第二,从法律和道德规范人们行为的方式上来看,法律是依靠国家强制力来对人们进行约束的一种行为,而道德则是依靠社会舆论和人们内心的信念来对人们进行约束的一种行为。因此,道德的要求是比法律更高层次的要求。从这个意义上可以说,教师职业道德基本原则是评价教师职业行为的最高道德标准。

(二)教师职业道德原则是调整教师个人与他人、社会利益关系的根本指导原则

教师职业道德基本原则就是指导教师调整行业内人与人之间、教师与其他行业之间、教师与学生之间、教师与社会整体或国家之间利益关系的根本指导原则,它反映了教师职业所应承担的一定的社会责任、应履行的社会义务以及承担责任、履行义务所应享有的社会权力及社会利益,是教师职业道德区别于其他类型社会道德的最根本标志。

二、教师职业道德原则的特征

从教师职业道德与一般社会道德的关系,以及教师职业道德原则在教师职业道德体系中的地位来看,教师职业道德基本原则具有以下特征。

(一)历史性

一定社会的职业道德,是随着社会历史条件和经济关系的发展而发生变化的,是一个历史范畴。任何道德,包括教师职业道德,都是社会发展的产物。教师职业道德的基本原则作为教师职业道德体系中相对稳定的部分,它必然会随着社会的发展变化而产生相应的变化,所以具有历史性的特点。

(二)阶级性

教师职业道德不仅体现了一定社会教师的社会地位、功能、责任、义务、利益等,而且体现了一般社会道德的阶级本质。从职

业道德与一般社会道德的关系来看,一定社会的职业道德虽然是在特定的职业活动中形成的,但它绝不能离开一定社会占统治地位的阶级的阶级道德而独立存在。在有阶级和阶级斗争的社会里,人们的职业活动和行业关系必然要受阶级关系、阶级利益和阶级意识的制约和影响,所以职业道德必然具有阶级性。作为教师职业道德体系的核心内容,教师职业道德基本原则最集中地反映了教师职业的本质属性,具有鲜明的阶级性特点。

(三)稳定性

随着社会经济、政治和文化的发展,随着教师职业活动环境的变化,教师职业道德规范中的具体要求应当也必然会有所调整、有所变化,而教师职业道德原则则较为稳定。例如,作为教师,就必须遵循教书育人这一道德原则,这是任何社会、任何时代对教师的共同要求。

三、确立教师职业道德原则的依据

教师职业道德原则作为对教师职业行为具有引导意义的规定,必须有充分的依据,具体来说,这些依据主要包括以下几方面。

(一)必须符合法律、法规和政策的要求

确立教师职业道德原则必须要符合法律、法规和政策的要求,在社会主义现代化建设中,加强法制建设,全面推进依法治教,是教育发展的必然要求,同时也是现代化教育发展的必然产物。在这一背景下,我国近年来出台了一些法律和法规,要求国家机关必须在法律规定的范围内从事有关教育的活动,要求各级各类学校必须按照法律和法规的规定从事办学活动和其他教育活动。对教师来说,就是依法治教。人民教师教书育人,要自觉遵守社会主义纪律,带头执行党和国家的政策、法令,具备良好的法纪风貌。

(二)必须在教师职业道德体系中占据核心地位

通过对教师职业道德体系结构的分析可知,教师职业道德原则在教师职业道德体系中具有核心地位,其核心地位主要表现在以下几个方面。

1. 教师职业道德原则是教师职业道德体系的总纲

教师职业道德的原则、规范和范畴构成了教师职业道德体系的基本要素。教师职业道德的规范和范畴均以教师职业道德的原则作为中枢,它是教师在教育活动中必须遵循的道德规范的主要依据,对教师的职业行为具有普遍的约束力。因此,教师在教育职业活动中,一定要遵循教师职业道德原则。

2. 教师职业道德原则是调整教师个人与他人和社会之间关系的根本行为准则

教师职业道德的原则、规范和范畴都是调整教师与他人、与社会关系的行为准则,都是从不同的侧面区别于其他职业道德的。但是,这些规范和范畴在教师职业道德体系中的地位和作用与教师职业道德的原则是不相同的,只有教师职业道德原则才是调整教师与他人及社会关系的根本行为准则,才具有区别教师职业道德与其他职业道德的基本特征。

3. 教师职业道德原则派生出诸多规范

一般而言,原则也有规范的意思,规范也可以看作是一种比较具体的原则。然而,二者是有区别的,教师职业道德的规范必须依据教师职业道德的原则,体现和反映教育伦理的原则,两者是一种从属关系。

4. 教师职业道德规范是教师职业道德原则的具体化

在道德建设中,凡是道德原则特别是基本的道德原则,它总是用简练的方式进行表述的。而如果要把道德原则的内涵表述得更加明了和详细,就必须对其加以展开和具体化。因此,在确立教师职业道德原则的基础上,还必须根据教育的具体要求提出一些具体的教师职业道德规范。这样,既增强了教师职业道德原则的可操作性,又便于对教师的职业行为做出比较具体的伦理意义上的评价。

(三)必须体现对教师职业行为的根本指导作用

我们所要确立的教师职业道德原则,应当是对教师职业行为要求的高度概括,是社会主义道德在教育活动中的集中体现,它必须在教师职业行为中起根本的指导作用。具体来说,教师职业道德原则对教师职业行为的根本指导作用表现在以下几个方面。

1. 教师职业道德原则必须指明教师行为的道德方向

道德原则以一种最普遍的形式表达社会最基本的伦理要求,是人们伦理行为所要遵循的最基本的原则。因此,教师职业道德原则必须要对教师职业道德行为的本质属性有一个概括,必须要指明教师行为的道德方向。

2. 教师职业道德原则必须体现一般社会伦理原则对教师职业行为的基本要求

教师道德是社会道德体系中的一个重要组成部分,它必然要受到社会的制约、反映一定社会的道德要求。因此,教师职业道德原则必须体现一般社会伦理原则对教师职业行为的基本要求。

3. 教师职业道德原则必须体现教育劳动对教师道德的特殊要求

与其他职业道德相比,教师道德有着明显反映教育劳动特点的特殊要求。在教育过程中,教师不仅要用自己的学识教人,而且也用自己的品格育人,不仅通过语言传授知识而且又用自己的灵魂塑造人格。在教育劳动中,教师道德还是一种重要的劳动工具和手段。因此,教师道德的水准比其他职业道德更高,教师职业道德原则必须反映教育劳动对教师的特殊要求。

(四)必须反映教育过程的特点

具体来说,教师职业道德原则必须反映教育过程的以下几个特点。

1. 长期性特点

教育是人类社会永恒存在的活动现象,随着社会的发展和进步,知识的积累越来越丰富,人们对生活质量的要求也越来越高,终身教育的观念深入人心。这种教育无论对于个体还是社会都将是长期存在的事实,便决定了教师职业道德的原则必须与这一特点相适应而且具有相对的稳定性。这种稳定性要求教师职业道德原则必须符合全社会的长远发展,必须对教育活动具有长远的影响。

2. 目的性特点

教育目的是指规定教育要实现的结果或要达到的标准,它是人类社会所特有的现象。教育目的强调未来,着重设定一定的指标,以此作为一种引导现实发展的标志。教育目的即是对未来的客观现实的超前或预先反映。教育目的的超越性特点,从根本上规定了教育过程的指向,对于过程施以导向性作用。相应地,教师职业道德原则就必须反映这种超越性,以超越于现实的要求去规范和引导教育者的职业劳动。

3. 一贯性特点

任何社会的教育,无论是在教育内容上还是在教育形式上,都是对其原有教育的继承和发展,具有一贯性的特点,这主要表现在以下两方面。

第一,它包含传统教育的合理成分,采用传统教育的合理形式。

第二,它又与社会发展需要相适应,不断充实新的内容、采用与现代教育相适应的新形式。

教育的这种继承和发展相统一的过程,是一个继往开来的过程。教师职业道德原则必须注意到教育过程的这一特点,从而对教师的整个教育活动进行持续的不留下任何缺憾的引导。

4. 互动性特点

在教育过程中,教师与学生之间是双向互动的,教育过程只有在师生之间相互配合和作用的情况下才可能顺利完成。这一特点决定教师职业道德原则必须对教育者与被教育者都具有引导和制约作用。当然,对教育者而言,教师职业道德原则在时间上不仅表现为一种即时性,而且表现为一种起到长期作用的因素;它不仅表现在具体行为引导上对教师的重要作用,而且还表现在伦理精神上对教师的引导。而对于学生的影响和作用,教师职业道德原则往往并不表现为即时性,而是潜在地表现为对学生今后劳动的影响和作用。

5. 反复性特点

教育是一种培养人的活动,但作为培养对象的学生,其发展不仅受到教育者的影响,同时还会受到家庭、环境等其他方面的影响,这就使得教育具有反复性的特点。具体来说,当教师根据一定目的对学生进行转化工作时,转化的道路并不总是一帆风顺的,可能不时会遇到来自学生的遗传、环境和个体素质等方面的干扰。这意味着,学生的成长道路表现为一种波浪式前进、螺旋式上升的状态。教师职业道德原则必须注意到教育过程的这一特点,从而对教师的教育活动进行有效的引导。

四、教师职业道德原则的内容

概括来说,教师职业道德原则的内容包括以下几个方面。

(一)坚持教育的"三个面向"

教育要面向现代化、面向世界、面向未来,这不仅是新时期我国教育发展与改革的战略方向,也是教师职业道德基本原则的主要内容(见表3-1)。

表3-1 教育的"三个面向"

三个面向	具体阐述
教育要面向现代化	教育面向现代化的实质在于:教育要为我国社会主义现代化服务,培养质量、数量、结构上都适应于四个现代化需要的人才
教育要面向世界	教育要面向世界,就是要培养一大批适应于我国对外开放、为国争光的人才。为达此目的,要求教师必须做到:第一,树立正确的开放态度,敢于和善于学习和引进外国的先进科学、技术、文化,博采各国之长,洋为中用;第二,熟练地掌握外语,了解、关心他国和他民族的政治、经济、历史、文化传统,能够和外国人交流思想、和睦相处等
教育要面向未来	教育要面向未来的实质在于教育为未来的发展储备人才,即要求教育必须从自身特点和现代化建设的长远目标出发,使今日的教育能够适应和满足未来社会发展的需要。为培养这样的劳动者,要求教师要树立教育超前发展的观念,加强对教育发展的研究,加强教育预测、教育规划,不断改进教育目标、教育课程及教育方法

(二)忠诚人民的教育事业

忠诚人民的教育事业,就是要忠于广大人民群众的根本利益,坚定不移地贯彻执行党的教育方针,为社会主义现代化建设培养人才。要忠诚人民的教育事业,要求教师做到以下几个方面。

第一,要有敬业意识,即对自己所从事的职业在整个社会中的地位和社会价值的认同和追求。教师的敬业意识就表现在献身教育、热爱学生、尽职尽责等方面。

第二,具有乐业意识,就是要认识到个人与社会之间根本利益的一致,在共同的理想和目标下,重视人民的利益和需要,重视社会的现实条件,并把它变成自己的需要和条件,敢于应对职业上的困难和挑战,从中发现人生的乐趣。

第三,具有职业规范意识,能积极地发展和完善合理的规则,以实现教育更好地为人民服务的目的。

第四,具有勤业、精业意识。对于教师来说,勤业是实现职业最基本价值的保证,表现为认真负责、教书育人、遵守规则、坚持不懈;精业是实现职业最高效益的价值追求,表现为严谨治学、精益求精、不断改进。

(三)培养"四有"新人

培养有理想、有道德、有文化、有纪律的社会主义建设者和接班人,是我国社会主义初级阶段发展教育事业的最终目标。"四有"新人的培养目标,要求教师必须做到以下两方面。

第一,树立正确的教育指导思想,明确提高全社会的思想道德素质和科学文化素质是社会主义教育的根本目的。

第二,必须要有全面的育人观,要把开发学生的潜能、提高学生健康的个体以及培养学生终身学习的能力等作为最重要的任务。

第二节 中小学教师职业道德的具体原则阐述

我国中小学教师职业道德的原则是随着社会主义经济关系的确立和社会主义教育方针的制定而逐步发展的,是教师在教育实践中进行道德修养、道德选择、道德评价时必须遵循的准则。概括来说,新时期我国中小学教师职业道德的具体原则包括以下几个方面。

一、依法执教原则

依法执教是指教师在教育教学活动中,按照教育法律的规定,依法行使权利,自觉履行义务,逐步使教育教学工作走上法制化和规范化。教师做到依法执教,必须要做到以下几点。

(一)树立教育法律意识和高度的教育法制理念

教师要做到依法执教,必须要树立教育法律意识和高度的教育法制观念,而要做到这一点,教师一定要先学习好我国教育方面的法律法规,系统了解教育的本质特征、教育的法律规范、教育者和受教育者的权利和义务,以及如何实施教育法规,只有这样,才能在自己从教的过程中将其内化为自己的守法和护法行为。此外,教师还要具备基本的民法、行政诉讼法和刑法的基本知识。

(二)依法执教、依法治教

教师要做到依法治教,必须首先要遵守法律法规。教师只有自己首先做到遵纪守法,才能为学生起到榜样的作用。教师要严格按照法律法规来进行教学,在教育活动中不可出现违法行为,要使守法和护法成为自己的一种自觉行为,要勇于维护法律的尊严,敢于同违法犯罪做斗争。

教师不仅要做到依法治教,同时还要做到依法执教,教师一定要根据法律法规来履行教书育人的职责。教师要明白,师生之间是平等的法律主体,没有任何一条法律规定教师是凌驾于学生之上的。教师体罚学生不仅会对学生的身心造成伤害,也是法律不允许的。教师教育学生是出于教师的责任和义务,教师不能打着"一切都是为了学生好"的旗号而体罚学生。

(三)懂得用法律来维护自己和学生的权益

知法懂法的最终目的是要学会用法,要学会用法律来维护自己和学生的合法利益不受侵害。对于学校来说,应该严格遵守法律法规,不得侵犯教师和学生的合法权益,也不得侵犯社会上其他人的合法权益。而当社会上其他人或组织侵犯了教师和学生的合法权益时,学校也要敢于运用法律手段保护他们的权益。对于教师来说,当学生的合法权益受到伤害时,要勇于通过法律途径来保护学生的合法权益,这既是教师的责任,也是教师的义务。

(四)要用教师职业道德规范来约束、规范自己

"教书育人,为人师表"是教师职业道德规范的核心,这就要求教师要真正做到爱岗敬业、热爱学生、团结合作、廉洁从教等,每位教师只有严格按照这个标准来约束和规范自己,才能真正树立起教师的威望,才能成为学生学习的榜样。总之,教师的行为既要符合法律规范,又要经得起良心的检验。

(五)教师教育教学活动的内容符合法律规定的要求

教育是一种比较富有创造性的活动,为了实现教育目标,各国的教育法,往往会允许教师在开展具体的教学活动时较为自由地选择相应的教学内容,但又由于教学内容和教育目标之间存在密切联系,所以国家也会对教学内容做某些法律性的规定,教师选择的教学内容必须在法律规定的范围内。也就是说,教师教育教学活动的内容虽然在选择上具有一定的自由性,但必须符合法律规定的要求。

(六)教育教学活动的形式符合法律要求

虽然说教无定法,但为了能够取得较为理想的教学效果,许多国家对教育的形式等都做了一些法律上的规定,如规定班级的规模、每天或者每周的教学课时以及每个课时的时间等,无论教师采用什么样的方式教育学生,其教育教学活动的形式都必须符合法律的要求。

(七)维护教育教学秩序

教师的教育教学活动一定要在良好的教学秩序中进行才能取得良好的效果,因此,教师在实施教育教学这一工作时,还有一个重要的职责——维护教育教学秩序。当教师在进行教育教学活动时,如果出现违反教育教学秩序的行为,教师应该采取相应的措施制止,以保证教学活动的正常进行。

二、教育民主原则

教育民主不仅是作为一种教育制度,而且也是作为教师在教育劳动中必须信守的道德原则和教育措施而存在的。作为一种教育制度,教育民主规定了全民具有平等的受教育机会和权利。不仅如此,全体公民也有权利和义务参与教育管理和教育政策的制定。作为一种教师在教育劳动中应该信守的道德原则和采取的教育措施,它既指在教育过程中,教师之间平等协作地开展教育活动,使教育活动得以顺利地完成;还指教师采用民主的方式方法,保证学生心情舒畅地参与到教育教学活动之中,使学生的个性和人格得到全面和谐的发展。

教育民主作为一种教育原则,它的实施要受到主客观条件的制约。具体来说,教师要有效地实施教育民主原则,必须做到以下几方面。

(一)正确认识和处理教育劳动中两对重要的关系

1. 教育民主与教育的社会制约性的关系

教育是生产发展到一定阶段才出现的,它受到社会政治、经济、文化各方面条件的制约。教育的超前性并不能否定这种制约性的存在。教育民主更是社会发展到一定阶段才出现的,它更不能超越社会的现实条件。

2. 教育主体和教育客体的关系

教育民主的实现与否与对教育主客体关系的认识有关。教师对自己在教育过程中的地位和作用的认识程度直接决定了其实施教育民主的程度。其实，真正的教育民主既不以教师为中心，也不以学生为中心。教师并不是单纯的主体，学生也不是单纯的客体。教师是民主性的主体，学生是能动性的客体。教师作为教育实践的主体，决定教师在教育实践中的主导地位和主体作用。但是学生作为教育实践的对象是一个有意识的人，他在教育过程中的一切行为都要受到他自己意识的支配。学生的这种能动性决定了教师只有在发挥主导作用的同时发扬充分的民主，才能调动学生客体的主动性和积极性，从而使教育过程得以顺利进行。

(二)要有积极主动的参与意识

第一，要意识到参与教育决策和管理是自己的一种权利。在社会主义社会，每个人都是主人，这并非是一句空洞的说辞，而应该具有实实在在的内容，它具体体现在人民当家作主的实际行动中。教育的民主管理，正是自身权利的体现。

第二，要意识到参与教育决策和管理是自身的一种责任。在教育活动中，教育者是集多种责任于一身的主体。在人们的观念中，教师在处理与学生的关系、集体其他成员的关系和社会的关系的时候，其责任容易为人们所理解。其实，教育者的责任还应体现在对教育活动、教育决策的积极参与上，既积极认同别人的意见，又努力使自身正确的主张为管理层、决策层所关注、所采纳。

(三)要全面客观地认识自身和学生的特点

作为教师，无论是在学识方面还是在人生阅历和社会经验方面，都是学生难以比拟的。但是，和教师相比较，学生也有自身非常可贵的方面。例如,学生的思想活跃,对事物的感受比较敏锐;他们很少受传统观念和条条框框的束缚,容易接受新鲜事物等。正因为如此,学生对教师在教育教学工作中所提出的意见、建议甚至是问题,都是对教师的一种促进。认识到这一点,教师就能够认识到发扬教育民主的必要性,也可能会产生一种发扬教育民主的迫切愿望。

三、乐教勤业原则

乐教勤业原则是指教师非常愿意从事教育事业,并且也非常认真努力地从事教育工作。乐教勤业是教师从事教育工作的基础和动力,只有乐教勤业的教师,才能全面、深刻地认识到教育工作的伟大意义,才能积极提高自身修养,不断地完善自我。要贯彻乐教勤业的原则,教师必须要做到以下几方面。

(一)热爱教育事业、乐于奉献

热爱教育事业、乐于奉献是从事教育工作的基础和动力,是教师实施乐教勤业原则的前提条件。只有热爱教育事业的教师才能认识到自身的社会责任和义务,才能懂得自己工作的重大意义,也才能乐于奉献、不断加强自身的道德修养,竭诚为教育事业培养出优秀的人才。

(二)不断提高自身专业素质

随着社会的不断发展和进步,学生的认知水平发展也有了更高的起点,在这种情况下,教师只有不断地提高自身的专业知识和教学方法,才能适应社会的发展和学生发展的需要。所以说,终身学习是当代教师勤业、敬业的重要体现。

四、教育人道主义原则

教育人道主义是社会主义人道主义在教育领域、教育过程中的具体化和职业化。它调整教育过程参与者之间的各种人际关系,并为这些关系规定原则和规范。教师在教育教学工作中贯彻教育人道主义原则应做到以下几方面。

(一)要了解学生

教师只有充分了解了学生,才能真正做到尊重学生,教师对学生了解得越多,师生之间的关系就会越好。学生具有独立的人格,教师应从学生特点出发,时时事事为学生发展着想,千方百计引导他们实现自我。教师要做到客观公正地看待学生,要善于发现每个学生身上的闪光点,并且精心地呵护和引导。

(二)要尊重学生

尊重学生要做到以下几方面。

1. 尊重学生的合法权益

尊重学生的合法权益包括他们受教育的权利、人身安全不受侵害的权利、个人隐私的权利,等等。这是学生作为社会平等一员所应享有的"一般人权"。即便是那些犯过错误需要惩罚的学生,我们也必须清醒地意识到这是对"人"的惩罚。因而,惩罚的方式应该是合乎人性的。

2. 尊重学生的人格尊严

尊重学生的人格尊严是对人的最起码的尊重。人格和尊严是人之为人的重要特征。尊重学生的人格尊严要求教师在教学活动中摒弃任何侮辱学生的言行,否则无法做到真正尊重学生。

3. 尊重学生身心发展的独特需求

学生的发展是一个连续的过程,每一个阶段都有着不同于其他阶段的独特性。学生的发展又是一个个鲜活生命的个体行为,每个个体都具有独特的需求,因此,尊重学生身心发展的独特需要是教育人道主义的深层次表现。

4. 要平等友好地对待学生

平等友好地对待学生要求教师摒弃对学生任何理由的傲慢、歧视与轻蔑,能够以"蹲下来"的姿态实现师生之间的平等交流与对话。这是一种真正的人与人的关系在教育领域中的展现。

(三)要关心学生

关心学生应以"爱"作为关心的存在方式,以"尊重"作为关心的前提。这种关心不是单方面的、强权的、自以为是的"关心",而应考虑到被关怀者的需要,把被关怀者作为主动的角色纳入关怀者的视野中去。教师对学生的关心应该是全方位的,学生是以一个完整的生命体参与到教育中来的,所以,教育者既要关心他们的肉体,同时也应该关心他们的精神;既要关心他们理性认知能力的发展,同时也要关心他们意志品质的发展;既要关心他们当下的生活状态,同时也要考虑到他们未来的生活。只有这样,才能培养出身心健全的、符合社会发展需要的合格人才。

(四)要注意赏罚分明

教师公正严明是孩子信任教师的基础,学生从中能感到一种平等尊重和对自身的肯定。赏罚分明是教师公正的具体表现,对学生进行赏罚必须以教育为前提,在施教的过程中要做到赏罚有据、有度、公平合理。对于一些积极上进的学生要赏,而对于一些有过错的学生要进行适当的惩罚,需要指出的是,教师对学生的惩罚必须符合法律法规的要求。赏罚要坚持"诛大赏小"的原则,"诛大"就是要抓住为头的处理首要的,"赏小"是指要奖励普通士卒,多关注普通学生。赏罚还要成为激发调动学生内在动机的有效手段,才能取得长久的教育效果。

第三节 中小学教师职业道德基本原则的要求

中小学教师职业道德基本原则也具有一定的要求,概括来说主要包括以下几方面。

一、要求教师树立崇高的职业道德理想

理想是决定事业方向、推动事业发展的精神力量。教师树立崇高的职业道德理想,具有以下几方面的作用。

第一,在教育实践中将远大的目标与平凡的工作结合起来,会产生敬业乐业的意识,树立起教育教学的自信,从而产生巨大的精神力量。

第二,能清醒地认识到时代赋予自己的神圣使命,从而把社会的进步和国家的富强作为自己的职业追求目标。

第三,会在繁重的职业活动中用开拓精神振兴教育,用艰苦奋斗的精神服务于教育事业。

第四,教师能够清醒地认识到在教育实践中遇到的挫折和困难,并从中找到自己的价值和意义。

二、要求教师掌握高超的教育教学艺术

教育是一门科学,也是一门艺术。高超的教育教学艺术是教师履行职业道德基本原则要求必不可少的方面。每个教师在进行教育和教学活动过程中,一方面要遵循教育活动的规律,运用准确的科学知识和严密的逻辑推理来启发学生,另一方面,还要善于运用精炼的语言、娴熟的教法、具体生动的比喻等各种艺术化的形式,以美的力量去感染学生。艺术具有形象化、情感化的

特点,而具体生动的形象能唤起学生的形象思维,激起学生内心情感的波澜。艺术化的教育教学形式能用美的形象与魅力去拨动学生的心弦,能激发学生的好奇心,提高学生的成就感,从而能够收到意想不到的教育教学效果。

要掌握高超的教育教学艺术,教师一方面要遵循教育教学活动的规律,另一方面要懂得马克思主义的审美观和审美情感,掌握正确的审美标准,在一切教学领域中引导学生认识美、欣赏美、创造美。

需要指出的是,掌握高超的教育教学艺术不是一蹴而就的,它需要教师在教育教学实践中不断总结,在吸取前人经验教训的基础上推陈出新,它是一个逐步完善的过程。

三、要求教师具备良好的专业能力素质

教师是人类文明的传播者,这就决定了教师的职责之一是将人类社会的智慧财富传授给学生。教师掌握专业知识的广度和深度以及运用这些知识的能力,对教师的教育教学效果有着直接的影响。渊博精深的专业知识和良好的职业技能是教师顺利完成教育教学目标,实现教育教学目的的基础和前提,是教师践行职业道德的重要手段。目前,我国正处在新的历史变革时期,知识和人才、民族素质和创新能力越来越成为综合国力的重要标志,成为推动或制约经济增长和社会发展的关键因素。这种形势就给当代的教师提出了更高的要求。它要求当代的教师不仅要掌握人类已有的知识经验,而且要随着时代的进步和科技的发展不断更新完善自己的知识结构和智力结构,培养终身学习的毅力和创新能力;不但要善于向学生传递知识,更要善于激发学生的求知欲,开发学生潜能,调动学生的学习积极性、主动性和创造性,促进学生身心的全面发展。

第四章 教师职业道德的规范

在教师职业道德体系中,教师职业道德规范居于重要的地位,它不仅是教师职业道德体系的基本构成要素,也是教师职业道德原则的体现、展开和具体化。本章即对教师职业道德规范的相关内容进行研究。

第一节 中小学教师职业道德规范的沿革

本节主要对中华人民共和国成立以来中小学教师职业道德规范的沿革进行简要阐述。概括来说,中华人民共和国成立以来,中小学教师职业道德规范主要体现在国家先后四次颁布的《中小学教师职业道德要求》或《中小学教师职业道德规范》中,这些规范是根据当时社会发展的需要制定的,反映了教师职业道德的时代性、继承性和实用性。

一、1984年颁布的《中小学教师职业道德要求(试行草案)》

教师职业道德随着社会主义教育事业的发展在不断地发展和完善。在此背景下,为进一步提高中小学教师职业道德水平,提高中小学教师的社会主义觉悟和共产主义道德情操,把青少年培养成有理想、有道德、有文化、有纪律的一代新人,全国教育工会于1984年10月13日颁发了《中小学教师职业道德要求(试行草案)》。具体内容如下。

一、热爱祖国,热爱中国共产党,热爱社会主义,热爱人民教育事业。

二、执行教育方针,遵循教育规律,面向全体学生,教书育人,培养学生德、智、体全面发展。

三、认真学习马列主义、毛泽东思想,学习科学文化知识和教育理论,钻研业务,精益求精,勇于创新。

四、热爱学生,了解学生,循循善诱,诲人不倦,不歧视、讽刺、体罚学生,建立民主、平等、亲密的师生关系。

五、奉公守法,遵守纪律;热爱学校,关心集体;谦虚谨慎,团结协作;与家长、社会紧密配合,共同教育学生。

六、衣着整洁,举止端庄,语言文明,礼貌待人,以身作则,为人师表。

概括来说,该规范具有以下几个特点。

第一,该规范是根据优秀教师的教学经验以及整体教师队伍的现状,归纳总结出的教师应该遵循的职业道德,体现了当时社会发展的需要。

第二,该规范比较重视道德理想层次的追求,多是从宏观上对教师职业提出的要求。

第三,该规范侧重于教师职业道德对学生的重要教育作用以及其对社会精神文明建设的意义。

第四,该规范在具体表述上缺少明确的层次性。

二、1991年颁布的《中小学教师职业道德规范》

1984年10月13日颁发的《中小学教师职业道德要求(试行草案)》对中小学教师队伍的发展起到了巨大的推动作用,但随着社会的不断发展,人们对中小学教师队伍提出了更高的要求,这就导致《中小学教师职业道德要求(试行草案)》无法满足更高的要求,于是,国家教委、全国教育工会在总结1984年颁布的《中小学教师职业道德要求(试行草案)》的基础上对其进行了修订。1991年8月13日颁布了新的《中小学教师职业道德规范》。该规范对教师的根本信念、主要职责、基本态度直到作风、仪表等都做了明确规定和表达,并体现了教师职业道德的社会主义性质。其主要内容如下。

一、热爱社会主义祖国,拥护中国共产党的领导,学习和宣传马列主义、毛泽东思想,热爱教育事业,发扬奉献精神。

二、执行教育方针,遵循教育规律,尽职尽责,教书育人。

三、不断提高科学文化教育理论水平,钻研业务,精益求精,实事求是,勇于探索。

四、面向全体学生,热爱、尊重、了解和严格要求学生,循循善诱,诲人不倦,保护学生身心健康。

五、热爱学校,关心集体,谦虚谨慎,团结协作,遵纪守法,作风正派。

六、衣着整洁、大方,举止端庄,语言文明,礼貌待人,以身作则,为人师表。

与1984年的《中小学教师职业道德要求(试行草案)》相比,1991年颁布的《中小学教师职业道德规范》对教师职业道德规范的具体表述体现了一定的层次性。但它也有自身的缺点,即对教师具体工作中需要处理的几个关系没有明确的表述。

三、1997年颁布的《中小学教师职业道德规范》

随着社会主义市场经济的确立以及社会主义法制的健全,社会越来越需要高水平的教师职业道德。为此,教育部和全国教育工会依据《中共中央关于进一步加强和改进学校德育工作的若干建议》及《教师法》的精神,对1991年颁布实施的《中小学教师职业道德规范》进行修订,并于1997年9月1日颁布实施新的《中小学教师职业道德规范》。具体内容如下。

一、依法执教。学习和宣传马列主义、毛泽东思想和邓小平同志建设有中国特色社会主义理论，拥护党的基本路线，全面贯彻国家教育方针，自觉遵守《教师法》等法律法规，在教育教学中同党和国家的方针政策保持一致，不得有违背党和国家方针、政策的言行。

二、爱岗敬业。热爱教育，热爱学校，尽职尽责、教书育人，注意培养学生具有良好的思想品德。认真备课上课，认真批改作业，不敷衍塞责，不传播有害学生身心健康的思想。

三、热爱学生。关心爱护全体学生，尊重学生的人格，平等、公正对待学生。对学生严格要求，耐心教导，不讽刺、挖苦、歧视学生，不体罚或变相体罚学生，保护学生合法权益，促进学生全面、主动、健康发展。

四、严谨治学。树立优良学风，刻苦钻研业务，不断学习新知识，探索教育教学规律，改进教育教学方法，提高教育、教学和科研水平。

五、团结协作。谦虚谨慎，尊重同志，相互学习、相互帮助，维护其他教师在学生中的威信，关心集体，维护学校荣誉，共创文明校风。

六、尊重家长。主动与学生家长联系，认真听取意见和建议，取得支持与配合。积极宣传科学的教育思想和方法，不训斥、指责学生家长。

七、廉洁从教。坚守高尚情操，发挥奉献精神，自觉抵制社会不良风气影响。不利用职责之便谋取私利。

八、为人师表。模范遵守社会公德，衣着整洁得体，语言规范健康，举止文明礼貌，严于律己，作风正派，以身作则，注重身教。

与1991年颁布的《中小学教师职业道德规范》相比，该规范具有以下两方面的特点。

第一，根据社会发展的要求，给教师职业道德赋予了时代特征，并进行了一些探讨。但没有从教师具体工作中需要处理的几种关系出发进行阐述，具体表述层次还不够明确。

第二,该规范不仅在理想层面和原则层面提出了要求,而且主要是在规则层面提出了要求,具有可操作性,实用性很强。

四、2008年颁布的《中小学教师职业道德规范(2008年修订)》

2008年9月1日,教育部、中国教科文卫体工会全国委员会,联合颁布并实施新修订的《中小学教师职业道德规范(2008年修订)》,具体内容如下。

一、爱国守法。热爱祖国,热爱人民,拥护中国共产党领导,拥护社会主义。全面贯彻国家教育方针,自觉遵守教育法律法规,依法履行教师职责权利。不得有违背党和国家方针政策的言行。

二、爱岗敬业。忠诚于人民教育事业,志存高远,勤恳敬业,甘为人梯,乐于奉献。对工作高度负责,认真备课上课,认真批改作业,认真辅导学生。不得敷衍塞责。

三、关爱学生。关心爱护全体学生,尊重学生人格,平等公正对待学生。对学生严慈相济,做学生的良师益友。保护学生安全,关心学生健康,维护学生权益。不讽刺、挖苦、歧视学生,不体罚或变相体罚学生。

四、教书育人。遵循教育规律,实施素质教育。循循善诱,诲人不倦,因材施教。培养学生良好品行,激发学生创新精神,促进学生全面发展。不以分数作为评价学生的唯一标准。

五、为人师表。坚守高尚情操,知荣明耻,严于律己,以身作则。衣着得体,语言规范,举止文明。关心集体,团结协作,尊重同事,尊重家长。作风正派,廉洁奉公。自觉抵制有偿家教,不利用职务之便谋取私利。

六、终生学习。崇尚科学精神,树立终生学习理念,拓宽知识视野,更新知识结构。潜心钻研业务,勇于探索创新,不断提高专业素养和教育教学水平。

教育部师范教育司剖析了该规范的五大特点(见表 4-1)①。

表 4-1 《中小学教师职业道德规范(2008 年修订)》的五大特点

五大特点	具体阐述
坚持以人为本	该规范充分体现了"教育以育人为本,以学生为主体","办学以人才为本,以教师为主体"的理念,强调尊重教师,强调教师责任与权力的统一
坚持继承与创新相结合	该次修订继承以往规范执行以来的基本经验,汲取了以往规范中反映教师职业道德本质的基本要求,同时充分考虑社会、教育发展对教师职业道德提出的新要求,将优秀师德传统与时代要求相结合
坚持广泛性与先进性相结合	该规范从教师队伍现状和实际出发,面向全体教师,对教师职业道德提出了基本要求,这成为每位教师自觉遵守的行为准则。与此同时,又提出了体现时代精神的新的倡导性要求
倡导性要求与禁止性规定相结合	从教师职业道德的阶段性特征出发,针对当前师德建设中的共性问题和突出问题,在广泛征求意见的基础上,做出了若干禁止性规定
他律与自律相结合	该规范在注重"自律"的同时,强调"他律",倡导广大教师自觉践行师德规范,把规范要求内化为自觉行为

第二节 当代中小学教师职业道德的基本特征

当代中小学教师职业道德具有自身的显著特点,概括来说,这些特点主要包括以下几方面。

---

① 人民教育编辑部. 学习贯彻《中小学教师职业道德规范(2008 年修订)》的若干问题——教育部师范教育司负责人答本刊记者问[J]. 人民教育,2008(19):17-20.

一、责任性

教师的根本任务是教书育人,为社会培养出合格的人才,一个优秀的人民教师一定是一个充满责任感的教师,他们会根据国家和社会的要求,把人类世代积累下来的各种丰富的知识通过自己的有效方式传授给学生,使之在德、智、体、美、劳方面得到全面发展,成为社会主义现代化建设的合格接班人。

二、示范性

教师职业的特点和性质,决定了教师经常处于为人师表的地位,在有思想、有感情、有意志、有个性的学生面前,教师的言行要符合社会主义的道德规范,时时处处起表率作用,尤其是中小学学生正处于成长发展的关键时期,他们的可塑性大、模仿性强,具有强烈的向师性,教师在他们心目中具有特殊的重要地位,他们把教师的言论作为真理,把教师的行为作为标准,把教师的形象作为榜样。教师高尚的道德行为是引导和激励学生完善品德、积极向上的一种精神力量。所以要求教师踏踏实实地践行国家规定的教师职业道德规范,切切实实地成为做人的模范,成为学生心目中的典范。

三、特色性

教师是为国家培养合格建设者的园丁,与其他行业的职业道德相比,教师职业道德具有更高的要求,更需要结合时代的发展而不断发展。教师职业作为一个神圣的、对国家发展具有重要意义的职业,决定着教师应该具有崇高的精神境界和高尚的道德品质。在教育教学过程中,教师不仅要用自己渊博的知识教育学生,更要用自己高尚的道德品质去影响学生;不仅要用语言去传授知识,还要用自己良好的德行去影响和教育学生,使之成为符合社会发展需要的合格建设者和接班人。

四、先进性

教师是社会中具有较高文化素质的成员,教师的道德对其他社会成员也具有一定的引导作用,这既是教师职业功能的需求,同时也是社会发展对教师职业道德的需要。社会主义社会的教师职业道德体现了教师个人利益、集体利益和社会利益的一致性。就道德的现实性来说,作为社会中的一员,教师既要遵守社会的各项道德要求,也要遵守教师职业的各项要求;就道德的理想性来说,教师承担着重大的责任,所以应该不断提高自身的道德素质,开拓道德发展的新境界,为下一代树立先进道德的典范。无数的历史事实也说明,教师道德总是处于当时社会道德的较高水平,为人类道德的继承和发展发挥积极作用。

五、深远性

教师职业道德既受到社会道德的制约,也对社会道德的形成和发展产生极大的影响。尤其是现在的学校教育由封闭式转为开放式,教师的道德行为会对学生产生更为直接和深远的影响,也会对社会各方面和各阶层产生深远影响,所以说,教师的职业道德具有深远性的特征。

六、完整性

教师职业道德是一个完整的、具有真正道德意义的规范体系。这种完整性集中表现在教师职业道德的继承性、发展性和开放性上。教师职业道德作为一种意识形态,在职业发展的过程中具有历史的继承性。在市场经济条件下,教师的道德观念也面临着新的挑战,需要在继承历史宝贵遗产的基础上不断吸收新的观念,才能更加完善。教师职业道德的发展性指的是当前我们正处于新旧体制交替之时,平等观念、民主观念、效率观念、竞争观念等一些新的观念已经被人们所接受和承认,形成了新的社会道德规范,教师只有进一步吸收这些道德规范,才能使教师职业道德具有时代的完整性。开放性是指教师的职业道德不仅要吸收社会改革中新的思想和观念,还要面向世界,吸收最先进的成果,只有保持这种开放性,教师的职业道德才会不断丰富和发展,也才能适应社会发展的需要。

第三节 新时期教师职业道德规范内容解读

2008年9月1日,我国教育部、教科文卫体工会全国委员会联合颁布并实施的新修订的《中小学教师职业道德规范》,具体内容包括爱国守法、爱岗敬业、关爱学生、教书育人、为人师表和终身学习六个方面。

一、爱国守法

(一)爱国守法的内涵

爱国守法包含两个方面的含义,即爱国和守法。

1. 爱国

爱国是一种高尚的道德心理体验,可表现为对祖国深切依恋的归属感;对祖国地理、历史、发展现状和国际地位的自豪感;对国家利益的责任感和使命感。对教师这一特殊职业而言,最好的爱国方式是把对祖国的热爱、对学生的关爱、对教育事业的责任感结合起来,在强化自身爱国情怀的同时,也对学生进行爱国主义教育。

(1) 强化教师自身的爱国情怀

教师肩负着对学生进行爱国主义教育的重任,为了更好地对学生进行爱国主义教育,教师必须强化自身的爱国情怀,成为一位忠诚的爱国者。具体来说,教师可以通过以下途径来强化自身的爱国情怀。

第一,教师要有广博的文化基础知识,不仅要了解国家辉煌灿烂的历史,也要了解国家曾经历的屈辱和挫折,并且要关注国家目前的处境以及国家对国民的需要和期望。

第二,教师要做热爱祖国的典范,为人师表,努力使自己的言行有利于维护祖国的国格完美,给学生树立爱国的榜样。在遇到关乎国家利益的关键问题时,教师要注意对学生进行引导,表现出在政治上、道德上的坚定性和坚韧性,要捍卫国家的尊严和维护国家的统一,表现出对国家和民族的自信心。

第三,教师必须认识到自己的本职工作是与祖国的未来、国家的繁荣昌盛紧密联系在一起的,必须加强爱国的职业道德修养,必须发扬爱国主义精神。

(2) 对学生进行爱国主义教育

在对学生进行爱国主义教育时,教师一定要对祖国有全面深刻的认识,要了解当下的国情、中国共产党党情以及各民族的风土人情,并把这些融入自己的血脉之中,化为自己思想的重要组成部分。只有这样,教师才能用自己的爱国主义思想和情感,点燃学生的爱国主义火花,使爱国主义文化传统代代相传。在当下全球化教育改革的背景下,对学生进行爱国主义教育还要注意以下几点。

第一,对学生进行爱国主义教育要强调形成一种理性精神,辩证看待各国间的文化、文明的碰撞。理性的爱国主义要做到与不同国家和民族和平共处,求同存异,互相学习,取长补短,共同发展。要告诉学生,任何国家的历史和现实,既有光辉的一面,也有阴暗的一面;自己的国家也一样,不能美化、粉饰自己国家的历史。

第二,在经济全球化的背景下,各国间的联系日益密切,相互依存度越来越高。教师在对学生进行爱国主义教育时要让学生知道中国的发展和进步只是世界发展和进步的一部分。教师对学生进行爱国主义教育,要有开放心态,强调全球意识,反对狭隘的民族主义和狭隘的爱国主义。

第三,对学生进行爱国主义教育是学校德育工作的重要内容。学生对祖国的了解、认识,对祖国发自内心的爱,主要是在学校学习期间培养形成的。因此,培养学生爱国情感,最重要的是引导学生发奋图强、刻苦学习。只有如此,学生才能了解自己的国家、人民和政治制度,才能产生对国家和人民的爱,才能掌握为祖国和人民奋斗的本领。

2. 守法

《中小学教师职业道德规范(2008年修订)》中"爱国守法"这一首要内容中,对教师"守法"的规定是:教师"全面贯彻国家教育方针,自觉遵守教育法律法规,依法履行教师职责权利。不得有违背党和国家方针政策的言行。"基于此,主要从以下方面对守法进行阐释。

(1) 全面贯彻国家的教育方针

《中华人民共和国教育法》第五条规定的国家教育方针是:"教育必须为社会主义现代化建设服务,必须与生产劳动相结合,培养德、智、体等方面全面发展的社会主义事业的建设者和接班人。"国家以法律形式明确规定的教育方针,体现了教育的目标和价值。全面贯彻落实国家的教育方针,必须实施素质教育,即以提高人的思想道德素质、文化素质、专业素质、身体心理素质为根本内容和目的的教育。社会、学校、家庭都应当注重培养学生上述四个方面的素质,即人类普遍认同的价值标准:真、善、美、爱。教师作为国家教育方针的执行者,必须具有良好的道德素质和法制意识,才能全面贯彻国家的教育方针,全面实施素质教育,培养德、智、体、美全面发展的社会主义事业建设者和接班人。

（2）自觉遵守教育法律法规

作为公民，教师要带头遵守国家法律；作为从事教育职业的公民，应当自觉遵守与自己的职业活动有关的法律，依据法律法规从事教育工作，自觉遵守教育法律法规。

（3）依法行使教育权利、依法履行教育义务

教师的权利是指法律规定教师在履行教育教学职责时，必须享有的权益。《教师法》第七条明确规定了教师享有的权利。

教师的义务是指法律要求教师在从事教育教学活动中作出或不作出的一定行为，是对教师一定行为的约束。规定教师义务的目的在于促使教师忠实地履行自己的法定义务。《教师法》第八条明确规定了教师必须履行的义务。

（二）爱国守法是教师职业的基本要求

爱国是一个公民最起码的道德。一个公民，不管是属于哪个国家和民族，也不管其信仰和政治立场如何，都承担着爱国的责任和义务。爱国是中华民族的优良传统，爱国主义是中华民族精神的核心，也是中国特色社会主义核心价值的一个重要方面。爱国是教师的政治使命，他们应该把这种使命与国家和民族的生存和发展结合起来，为国家培养出热爱祖国、具有社会责任感和使命感的合格人才。

守法是公民的基本行为准则，也是我国实行依法治国的必然要求。我国要想实现法治国家的目标，需要社会中的每个成员都能知法懂法和用法，能够用法律武器来维护自身的合法权益。作为教师，只有做到依法执教，才能为国家培养出依法治国的人才，也才能不断提高人们的法律意识。

（三）爱国守法的要求

1. 认真学习有关法律法规，自觉做到依法执教

近年来，我国颁布了许多教育方面的法律法规，其中，《中华

人民共和国教师法》对教师的权利和义务等进行了明确规定,教师必须认真学习和贯彻这些法律法规,真正做到依法执教。

2. 将爱国守法融于教育活动中

第一,在教育教学过程中渗透爱国主义教育,培养学生的爱国情感。在日常教学过程中,教师应通过主题教育和社会实践等形式对学生进行民族自豪感和责任感的教育,让学生明白,爱国是每一个公民的责任。

第二,教师在日常教育教学中,通过各种方式教育学生爱国守法,使学生知法懂法,并且学会用法,培养和提高其法律意识,形成良好的守法、用法和护法习惯,自觉树立法律权威。

3. 做爱国守法的模范

教师具有神圣的使命,是社会主义合格建设者的培育者,这一神圣的使命要求教师要具有强烈的爱国主义情感,要做爱国守法的模范,只有这样,教师才能用自己的言行去熏陶、感染和教育学生。

二、爱岗敬业

(一)爱岗敬业的内涵

爱岗敬业是爱岗与敬业的总称。

1. 爱岗

爱岗是教师对自己工作岗位的热爱,安心从事本职工作,有强烈的使命感和责任感,并能稳定、持久、恪尽职守地做好教育教学工作。

2. 敬业

敬业是指教师认识到了自己本职工作的道德价值和社会意

义,具有从事本职工作的荣誉感和自豪感,从而专心致志、兢兢业业地从事教育教学工作。

爱岗与敬业之间有着密切的关系。爱岗是敬业的基础,敬业是爱岗的升华。爱岗与敬业互为前提,相辅相成。爱岗敬业是教师职业道德规范的重要内容之一,是处理教师个体与教育职业之间关系的准则。

(二)爱岗敬业的要求

教师要在教育实践中培养爱岗敬业精神应从以下几个方面做出努力。

1. 要认识到职业的价值

人民教师是历史文化的传承者,是我国社会主义事业的建设者,教师职业的价值是重大的。教师只有充分认识到了这一点,才会爱岗敬业,树立为教育事业奋斗终生的信念,才能像粉笔一样,一点点磨损自己。

2. 要有职业认同感

教师职业认同是指教师对职业的性质、内容以及教师职业的社会价值和个人意义的认可。教师认同具有重要的意义,概括来说主要包括以下几方面。

第一,教师职业认同有利于教师职业道德的发展。教师在工作中保持了愉悦的情感,自然会优化自己的教育教学,不断丰富自身,提高自身能力,加强自身职业道德修养。

第二,教师职业认同有利于入职阶段的教师形成职业道德。认同教师职业的新职教师对学校日常教学事务有较快的接受能力,能更快地适应并熟悉学校环境。认同教师职业的新职教师在教育教学活动中能恪守教师职业道德规范,自觉表现出对职业岗位的热爱,体验做教师的快乐。

第三,职业认同能够帮助教师度过职业受挫阶段,保持良好的师德修养。教师日复一日,年复一年,备课、上课、批改作业、管理班级。有些教师会渐渐接受停滞不前的职业生涯,在循规蹈矩中度过余下的工作时光。但是,有职业认同感的教师会努力寻求突破,从挫败或倦怠的情绪中走出来。

3. 要甘为人梯,自觉提升精神境界

教育工作者只有在深刻理解教育事业地位和作用的基础上,才会产生对教育工作的真挚、深厚的感情,才会满腔热情地投身于教育事业;教师只有不断超越个人私利,提升精神境界,把教育事业视为为人民谋利益的事业,才能有甘为人梯的胸怀,把学生的成长发展和进步视为自己人生价值的体现。

4. 要勤业精业

勤业表现为要忠于职守、认真负责、积极进取,勤业是实现教师职业功能的基本保证,教师一定要认真对待自己教学过程中的每个环节,必须要对自己的工作抱有高度的责任感,尽职尽责。

精业表现为教师本职工作的业务纯熟、精益求精,精业是实现职业劳动最高效益的价值追求。

勤业与精业相辅相成,勤业是精业的前提条件,精业是勤业的必然结果。以精益求精的精神和态度来完成国家赋予的神圣使命,是一名教师对国家、对社会、对学生最有道德的表现。

5. 要有积极的工作态度

一个具有积极工作态度的教师能够尊重学生、团结其他教师、遵守各项法律法规,能够积极投入工作和无私奉献。只有具有积极的工作态度的教师,才能在自己的平凡岗位,找寻到人生价值的依托和教育幸福的源泉。

6. 教师要克服职业倦怠

教师职业倦怠是教师在一定时间内不能应对工作压力而出

现的一种极端的反应,是教师在长期的工作压力下产生的情感。教师是职业倦怠的高发群体。教师职业倦怠的表现是多维的,研究发现,经受着职业倦怠的教师往往会有身体、智力、社会、情绪和精神等方面的症状。因此,教师要想做到爱岗敬业,一定要有效预防职业倦怠。概括来说,教师可以通过以下几种方法来预防职业倦怠。

第一,固化的思维方式往往导致出现职业倦怠的教师无法从职业倦怠的循环中走出来,然后一直倦怠下去,没有思考过怎么样改善当前的状况。因此,教师一定要注意改变自己的思维方式,思维方式决定了我们生活、学习和工作的质量和效果,改变思维方式有利于消除职业倦怠。

第二,宣泄是排解职业倦怠的好方法。当一个人被愤怒、痛苦、恐惧等情绪占据时,可以大声地喊出来或者哭出来,也可以向朋友或家人倾诉心中的苦闷,通过这样的方式,心中的抑郁情绪得到了宣泄,不良情绪就会消失。

第三,要永远保持一颗平常心,凡事都要量力而行,要时刻注意进行自我调节,千万不要让自己的压力过大,压力过大会出现头晕、失眠等症状,对自己的健康极为不利。

第四,要合理地安排自己的作息时间,比如要严格按照自己的作息习惯生活和工作,保证自己的生活有规律。

(三)爱岗敬业的意义

1. 爱岗敬业是保持教师队伍稳定的基础

保持教师队伍的稳定是一个系统工程,其中最重要的一环是教师个体的职业道德修养。只有当教师们都具有了爱岗敬业的精神,才能任劳任怨,奉献并忠诚于教育事业,教师队伍的稳定才有了可靠的保障。因此,加强师德建设,培养教师的爱岗敬业精神,让教师具有职业责任感、义务感、自豪感、荣誉感,才是稳定教师队伍的正确选择。

2. 爱岗敬业是社会主义道德要求在教师职业上的具体体现

教师是社会主义建设的重要成员,与其他各行各业的从业人员一样,教师也拥有自己的职责和义务,通过履行教学职责,教师为人民服务,为社会承担责任和义务理应践行爱岗敬业的职业道德规范。社会主义道德要求教师不能玩忽职守,不能好高骛远,不能损害教育事业和社会的整体利益。因此,教师对待教育事业的态度,实际上是教师对待国家、社会和人民的态度。

3. 爱岗敬业精神是教师乐教勤业的动力源

爱岗敬业精神是教师乐教勤业的动力源。在爱岗敬业精神的鼓舞下,"乐教"的情感体验和"勤业"的行为表现,会使教师模糊生活与工作的界限,时时处处以教育者的标准严格要求自己;会使教师模糊个人利益的得失,以他人、集体利益为重,自觉主动、创造性地担负起教书育人的职责,履行教育义务。所以,培育爱岗敬业的精神既是教师职业道德的基础,也是促进教师不断近善的动力源泉。

三、关爱学生

(一)关爱学生的要求

1. 尊重学生

学生既是教育教学活动的对象,也是教育教学活动的主体,具有独立的人格和尊严,渴望得到教师的尊重和理解。教师要尊重学生,必须认识到学生与教师在人格和尊严上是平等的。教师要客观地看待学生的种种表现,学会自制,不要因为自己情绪的失控而伤害学生。学生是一个整体概念,能否公正、平等地对待全体学生,是衡量一个教师是否真正关爱学生的重要标志。

2. 激励学生

教师要善于赏识学生,鼓励学生的点滴进步。每个学生都希望自己是学习上的成功者,都期待得到教师的肯定和赞许。教师要懂得学生心灵深处的渴望,赏识自己的学生,用放大镜关注学生的优点和进步,帮助其改正缺点和不足。

3. 信任学生

信任是人际交往中一方对另一方给予自己正面且积极反馈的心理期待。教师对学生的信任和期待是学生积极进取的动力。教师对学生的信任既表现为相信学生有积极向上、向善、向美的愿望,有自主学习、自主选择的能力,有改正错误的心向和能力等,同时还表现为不断地给学生提出新的行为目标。在学生实现目标过程中,教师及时给予鼓励和肯定,学生的主体意识不断地被激发,从而完成对自我的不断超越和发展。

4. 严慈相济

教育关爱的目的,是让学生得到良好的发展,这意味着教师对学生的关爱中要有一定的要求。教师对学生的关爱,要体现严慈相济,坚持做到以下几点。

第一,教师要对学生有慈爱之心。教师要把学生培养成为对社会有用的人才,就要对他们倾注无私的爱和真挚的情。教师对学生慈母般的关爱,是一种更崇高而伟大的爱,能强烈地感化学生,使他们感悟人生,走向人生。

第二,教师对学生的严格要求要有科学标准。教师对学生的关爱是建立在高度责任性和理性基础上的爱。教师的关爱既要体现对学生有种种严格的要求,又不损害学生的生理、心理健康。这就要求教师对学生提出的一切要求要符合法律法规,要符合国家的教育方针和政策,要符合教育教学规律。

第三,教师对学生的严格要求要掌握一定的度和方法。要掌握一定的度,是指教师对学生提出的各种要求要切合实际,符合学生的特点。教师对学生的严格要求,要寓教于教育教学活动之中,采用耐心疏导的方法。只有方法得当,对学生的严格要求才能真正得到落实,才能取得好的教育教学效果。

5. 保护学生的安全

保护学生安全是教师不应回避的责任。教育职业特点决定了教师要承担更大的责任,在面对困难、危险时,教师要冲在前面,不惜牺牲自己也要保护学生的生命安全。这要求教师在教育教学活动中,不仅要传授学科知识,还要有生命安全、生命价值教育,引导学生认识生命、尊重生命、珍惜生命,提升学生对生命意义与境界的认识,促进学生健康成长。

6. 维护学生合法权益

学生既是国家公民,又是正在接受教育的未成年人。因此,学生不仅享有宪法所规定的公民应享有的各项权利,还享有其他公民不具有的特殊权利。中小学生大多未满18周岁,身心和社会性发展尚不充分,是无民事行为能力和限制行为能力的人,因此法律对其权利必须给予特殊保护。学校既是从事教育的场所,也是保护学生权利的部门。教师要做学生权利的维护者,尊重、保护学生各项权利,让学生健康成长。

7. 关注学生的情感需要

教育活动是生命体之间的交流活动,是一个用智慧开启智慧、用心灵唤醒心灵、用人格影响人格、用热情去温暖生命的活动。教育的目的不仅是知识的丰富、智力的成长,还有情感的浸润、人格的完善、心灵的圆满,进而体验到一种精神上的幸福。因此,教师不仅要指导学生学习知识,更重要的是要努力学习做学生心灵世界的守护神,尊重他们的个性人格、生命潜能、多样化、独特性;善于站在学生的角度理解学生,从学生的视角看待问题,与学生进行心灵的沟通。在此基础上指导学生,引领学生的精神发展,做学生的心理关怀者。

8. 促进学生全面健康发展

学生健康包括生理健康和心理健康两个方面。从总体上看,由于我国中小学生课业负担较重,这导致他们的身体素质严重下滑,如体质较差、近视率持续走高等。对此,教师要担负起改善学生体质的责任,引导和督促学生加强锻炼,不得随意侵占学生休息、娱乐、体育锻炼的时间。另外,随着年龄的增长,学生成长的烦恼会伴随而来,尤其是处在青春期的中学生在社会环境、家庭教育等因素的影响下会出现心理障碍和心理缺陷。这要求教师加强与学生的沟通和交流,了解他们内心真实的感受和想法,坦诚交换意见,及时加以疏导,防微杜渐,避免学生心灵受到扭曲。

(二)关爱学生的意义

1. 有助于学生形成良好的思想品德

教师关爱学生,形成良好的师生关系,有助于学生自尊、自信、自强,形成主人翁意识。一般来说,如果学生每天生活在师生关系民主平等,能够彼此相互尊重和信任的环境中,就会感受到做人的尊严,从而对自己充满信心,乐于参与教学过程,施展自己的才能。学生就能够成为学习的主人,进而激发起主人翁意识和责任感。这种意识如果经过不断地强化,最终就会作为一种思想品德植入学生的精神世界,成为他们未来社会生活的一种准则。所以说,教师关爱学生有助于学生良好思想品德的形成。

2. 是教师施教的感情基础

教与学的过程,是以情感交流为载体的教育活动,在教育工作中,教师只有对学生抱有真挚的关爱之情,才能引起学生对教师的友爱。产生对教师的尊敬、信任,进而亲近教师。在这样的感情基础上,就会形成有利于学生德、智、体全面发展的良好教育气氛,学生就会乐意听从和接受教师讲的道理,并努力把教师的要求转化为自己的行动。

3. 是学生健康成长的需要

学生是有思想、有感情的活生生的人,他们渴望得到教师的关心、爱护和尊重,在学生的世界中,情感需要占据着重要的地位,教师要实现教书育人的使命,就必须心中有爱。教师对学生的关爱,能够使学生在情感上和心理上获得极大的满足,会使学生感受到温暖,从而有利于他们健康、乐观性格的养成。

4. 是构建新型师生关系的基础

在学校人际关系中,师生关系是重要的组成部分,和谐师生关系的营造也是和谐校园建设的重要组成部分。现代教育倡导构建民主、平等、互动、合作型的师生关系,而师爱便是构建新型师生关系的情感基础,是拉近师生关系的重要纽带。在师爱的基础上,教师会注意倾听学生的感受,理解学生的想法,宽容学生的错误,而后引领学生的精神发展。

四、教书育人

(一)教书育人的内涵

教书育人是指在教育教学过程中教师根据社会发展需要和学生身心发展规律,既传授科学文化知识,又进行思想品德教育,把学生培养成为德、智、体、美等全面发展的社会主义现代化建设需要的接班人。

(二)教书与育人的关系

教书与育人作为知识教学和思想道德教育紧密结合的有机

整体,相互联系,不可分割。概括来说,教书与育人的辩证关系主要表现在以下两个方面。

1. 相互联系

教书是育人的载体,是前提和基础;育人是教书的灵魂,是指导思想。教书与育人统一于教师的教育教学实践和学生全面发展的过程中。也就是说,教不好书,育人就失去了载体,成为无源之水、无本之木,最终教学会失去其应有的教育意义。

2. 相互促进

处理好教书和育人的关系,可以使其相互促进。一位教书好的教师能把枯燥无味的知识讲解得精彩生动,让学生陶醉在知识的海洋中,教师把道德教育融入此过程中,学生在学习知识的过程中接受了教师所传授的道德观念,提升自己的道德品质。同时,教师育好人又能促进教好书的顺利进行,即学生只有"亲其师"才能"信其道",提高学习知识的效率。

3. 相互渗透

教书与育人可以相互渗透,即"教中有育,育中有教",这主要表现在以下两方面。

第一,在各学科的教学过程中渗透着道德教育。主要表现为:各学科教材内容包含丰富的德育因素,可根据各自的教学任务和特点,结合教材内容渗透德育;在学校学生的兴趣和求知欲主要表现在对各门课程的学习上,教师把德育蕴含在学科教学过程中会改变单一道德说教的空洞性和无效性。

第二,在育人的过程中渗透着教书,即对学生进行道德教育时要依据教育规律和道德规律来进行。道德目的在一切教学中普遍存在并居于主导地位。因此,教师要认真研究、理解和转化课程,把知识转化为道德化的知识传授给学生,培养学生的道德品质。

（三）教书育人的要求

1. 遵循学生个体发展规律,实施素质教育

人的发展有其自身的规律,不同年龄阶段有不同的身心发展特点。因此,在实施素质教育过程中,教师必须从教育对象的实际出发,具体来说,教师教书育人要遵循学生生理发展、认知发展、品德及人格发展的规律。

(1)生理发展规律

青少年时期是身体发育非常快速的阶段,这一时期,大脑重量逐渐增加,15岁时达到成人水平。这就要求教师在设计教育教学目标时要充分考虑学生的生理发展,避免拔苗助长。

(2)认知发展规律

小学生逐步具备了人类思维的完整结构,从以形象思维为主逐步过渡到以抽象思维为主;初中生的认知结构和思维过程进一步完善,抽象思维占据主导地位;高中学生已能够进行完全属于抽象符号的推导,用理论去分析、解决各种问题,形式逻辑思维处于优势,辩证逻辑思维迅速发展。认知发展的以上特点要求教师在呈现教学内容——帮助学生理解教材时做周密的准备,既要适合学生现有水平,又要促进其高效发展。

(3)品德及人格发展规律

中小学生的品德和人格处于快速发展时期。道德认知发展体现为由具体、片面和过于关注结果过渡到抽象、全面和兼顾动机,道德行为也由依附、模仿过渡到自觉和习惯。同时,中小学生的人格也在成长变化,表现为自我意识由社会自我发展到心理自我,价值观由萌芽到初步确立,情绪情感体验更为丰富,个性品质趋于稳定和成熟等。针对中小学生这些表现,在实施素质教育过程中教师要特别注意通过不同途径来了解学生的品德及人格发展情况。

2. 遵循社会发展规律,实施素质教育

目前,我国经济发展正从粗放型向集约型转变,从高能耗型向节约可持续发展型转变,转变的根本在于科技进步和劳动者素质提高。在这一社会背景下,中小学教师应顺应社会发展潮流,转变教育观念,抓住社会转型所带来的机遇,全身心地投入教书育人的工作中,大力实施素质教育,为培养社会发展所需的高素质劳动者而努力。

3. 循循善诱,诲人不倦,因材施教

"循循善诱,诲人不倦,因材施教"既是我国教书育人的优良传统,也是教师实施教书育人的具体原则。

(1)循循善诱

实施素质教育要求教师具备特定的人际沟通和交往能力,在教育教学中做到循循善诱。教书目标的实现离不开教师与学生之间的有效沟通,育人成果的取得有赖于教师对学生学习的循循善诱。要做到循循善诱,教师一定要尊重学生,以平等、平和、平易的心态对待学生。

(2)诲人不倦

教育是一项长期的工作,不能急功近利,教师要保持高度的耐心。教育是一项复杂的工作,不可能一蹴而就,教师要有恒心。只有如此,教师才能在教书育人过程中诲人不倦,才能让学生学而不厌。

(3)因材施教

由于遗传、成长环境和所受教育的不同,学生的身心发展存在个别差异。但是,每个学生都是可造之才,都有发展潜能,只是潜能发展的类型和表现形式不同而已。这就需要教师在教育教学活动中做到因材施教,因势利导,扬长避短,为每个学生潜能发挥创造条件和机会。

4. 培养学生良好的品行

教育主要是培养受教育者的品行。培养学生良好的品行是每一位教师的义务。培养学生良好品行既要继承传统美德，培养学生高度的社会责任感、高尚的道德情操、强烈的爱国热情、文明的生活方式，以及良好的个人生活习惯、学习习惯及公共生活习惯，也要结合时代要求，对学生开展适时的教育，培养他们公正、诚信、感恩、合作、奉献等一系列良好的品行。

培养学生良好的品行，教师的言传身教至关重要。教师的一言一行，一举一动，会在学生精神世界里起着无声的作用，潜移默化地塑造着学生的人格和品德。

5. 激发学生的创新精神

创新是国家兴旺发达的不竭动力，是民族进步的灵魂。在当今日趋激烈的国际竞争中，取胜的关键在于具有创新能力的人才。创新人才的培养关键在教育。因此，要充分发挥教育在培养创新人才中的作用，鼓励广大中小学教师通过教书育人，实施创新教育，激发学生的创新精神，培养学生的创新能力。教师要善于引导、鼓励、支持和帮助学生敢于追问、大胆想象、勇于探究，培养学生的自信心、好奇心、探索性、挑战性等创新的人格品质。

6. 不以分数作为评价学生的唯一标准

"不以分数作为评价学生的唯一标准"是中小学教师对教书育人工作结果评价的指导思想。随着科技的进步、生产力的高速发展、经济全球化的到来，现代社会对人才的要求正向多元化转变，人的全面发展受到前所未有的重视。仅仅以分数作为评价学生的标准，不仅抹杀了学生的个性、打击了学生的创新精神，而且还伤害了学生的自尊心和自信心。

五、为人师表

为人师表,就是要求教师自觉地以自身纯正品德为学生做示范和榜样,即言传身教,以身立教。具体来说,为人师表要做到以下几方面。

(一)知荣明耻

知荣明耻是良心中的知耻心、自尊心、自爱心的表现。人们只有知荣明耻,才能自觉地履行道德义务,保持尊严、荣誉和人格。不做可耻、毁誉和损害人格的事。因此,作为新时代的教师必须要知荣明耻。

(二)严于律己

教师要严于律己,以身作则,这是由教师职业的示范性决定的。教师的职责在于教书育人,既要用自己的学识教人,又要用自己的品格育人。正人先正己,这要求教师要严于律己,在思想品德、学识才能、言语习惯、生活方式和举止风度等方面树立自己的良好形象,处处做学生的表率,借此教育和感化学生。

(三)语言文明

教学过程是一个信息传递的过程,而在这一过程中,教师的语言是传递信息的载体,教师语言素养的优劣以及口语表达的能力对教学效果具有重要影响。这就要求每位教师必须加强自身的语言修养,提高自己的教学语言表达能力,为此,教师应该做到以下几方面。

1. 语言要规范

教师语言规范反映在两个层次上。
第一,教师的语言必须是普通话。
第二,教师在授课时要用专业用语,专业术语是一定学科范围的共同用语,运用它进行教学,有利于交流。

2. 语言要准确

教师所使用的语言一定要准确,要能够清楚地表达自己的教学内容。教师语言的准确性,直接关系到教育教学的思想性和科学性。因此,每位教师都要使自己的语言具有准确性,这是对教师教学语言的最基本要求。

3. 语言要纯洁

教书育人是教师的重要职责,这一职责要求教师的语言一定要纯洁,教师不可以用刻薄的语言去挖苦和训斥学生,这样不仅使自身的形象受到了损害,而且还会影响学生的身心健康发展。另外,教师还应切忌讲假话、大话和空语。教师的语言一定要纯洁。

4. 语言要精练

教师的语言一定要精练,要用最简洁的语言表达出最丰富的内容,让学生能够从简洁的语言中学到最多的知识,并能够在这些简洁的语言中抓住重点,突破难点。

5. 语言要生动

语言生动主要表现在以下两方面。

第一,语言要抑扬顿挫,具有美感和节奏感,要让人听起来非常舒服,这样不仅能够吸引学生的注意力,还能使学生处于最佳的听课状态,能够大大提升教学效果。

第二,教师必须借助于比喻、成语、谚语、歇后语、典故等形象的事例讲解说明,达到如临其境、如见其人、如闻其声的语境,唤起学生丰富的联想,引导学生顺利地掌握知识。要做到语言生动,教师必须要有渊博的知识和丰富的词汇。

(四)仪表端庄

良好的仪表能够得到学生的认同,获得学生的好感,而邋遢的仪表则会引起学生的反感,对教学效果也具有负面的影响。概括来说,教师的仪表主要有以下几方面的要求。

1. 衣着整洁美观

第一,教师的衣着要整洁得体,朴实大方。衣、裤、裙、鞋、帽、领带、围巾等要搭配合理、色彩和谐、整体协调。

第二,教师的衣着要素雅美观,不能穿奇装异服。教师是知识和素养的化身,是学生学习的榜样,如果教师穿着奇装异服去上课,那么,学生的注意力便会被分散到关注老师的衣服上,并且会对教师评头论足,对教学效果会产生负面作用。因此,教师的衣着一定要美观大方、简洁素雅。

2. 仪容自然大方

仪容,在社会交流中可以表现一个人的文化档次和意识修养。

第一,教师要注意视觉形象的塑造,教师出现在学生面前时应该整洁大方,神采奕奕,男教师不应蓄长发和留胡须,女教师不应留长长的指甲,也不应该浓妆艳抹。

第二,教师要注意味觉的形象塑造,一个教师如果满嘴的烟味、酒味、葱味和蒜味而走进教室,势必会引起学生的反感,从而影响和学生的正常交流,对教学效果也有不利影响。

3. 举止文明得体

教师是学生学习的榜样,所以举止一定要文明得体,要正派和端庄,只有这样,才能为学生树立良好的榜样,才能受到学生的欢迎。反之,则会使学生产生厌恶情绪,甚至会对学生的行动起坏的诱导作用。所以,教师在教育教学工作中,一定要认真检查自己的言行举止,使自身的言表风纪、行为举止符合教师道德规范的要求。

(五)关心集体

教师事业是一项集体的事业,将青少年培养成社会主义合格的建设者和接班人需要全体教师的共同努力。因此,关心集体、维护集体的荣誉就成为全体教师职业道德的重要内容。要重视这一点需要做到以下两方面。

第一,要以自觉的态度对待学校中的各项工作,为学校的荣誉增光添彩。

第二,要积极倡导良好的校风,培育学校的精神。良好的校风是对优良传统的继承和发扬,是全校师生精神面貌的反映,是学校群体形象的体现。每所学校的历史、传统各不相同,学校精神也各有特点,但求真、务实、团结、开拓、进取的良好风尚都是题中应有之义,培育学校精神需要一代又一代师生的共同努力。

(六)团结合作

在现代分科教学的情况下,教师要特别注意以团结协作的精神来对待教学,这是教育目的统一性的要求,也是教育发展规律的需要。不同科目、不同年级的教师之间,不同年龄、具有不同特长的教师之间,都要一切从学生的利益出发,团结一致,通力合作,互相学习,取长补短,勇于创新,共同提高。教师能否自觉为加强教师集体的团结而努力,是衡量这个教师道德水平高低的一个重要标志。在团结协作的过程中,教师之间要互相尊重,互相学习,共同进取。

(七)尊重家长

家庭教育是学校教育的基础和补充,所以,教师和家长一定要注意沟通和合作,为国家培养出合格的人才,这就要求教师一定要尊重家长,将尊重家长作为教师职业道德应该具备的行为。

为此,教师要做到以下两方面。

第一,教师可以通过家访、开家长会、通信、写评语等方式,与学生家庭保持联系,取得家长的支持与配合。

第二,教师还应尊重学生家长,不说侮辱家长人格的话,更不做侮辱家长人格的事。教育学生时,要用尊重家长的文明语言。

第三,由于学生家长的生活经历、职业、知识水平等方面各不相同,又由于一些学生家长缺乏教育学、心理学方面的基本教育和训练,对孩子的教育往往缺乏科学性。作为教师,有责任帮助家长提高教育科学文化水平,使之掌握科学的教育方法。

(八)作风正派

在教育领域,作风正派是教师道德的应有之义,历来为立志于献身教育事业者所践行。教师职业要求教师要十分珍视自己在学生心目中的形象,十分珍视自己在社会上的形象。作风正派既是教师职业的要求,又是形成良好社会风气的需要。为此,教师要做到以下两个方面。

第一,必须坚守高尚情操,抵制不良社会风气的影响。任何的贪、馋、占、懒、散都是对教师形象的玷污,任何利用职责之便谋取个人私利,都是对教师职业神圣性的亵渎。

第二,必须发挥奉献精神。教师工作是一项艰苦繁重的工作,需要教师付出许多辛劳,发扬无私的奉献精神。然而,教师又有自己的切身利益,需要从社会中索取。因此,正确认识和处理贡献与索取的关系,有助于克服斤斤计较个人得失的倾向,更好地发挥主动性和积极性,为社会主义教育事业作出更大的贡献,最大限度地实现自己的人生价值。

六、终身学习

目前普遍认可的终身学习的含义如下:"是通过一个不断的支持过程来发挥人类的潜能,它激励并使人们有权去获得他们终生所需要的全部知识、价值、技能与理解,并在任何任务、情况和环境中有信心、有创造性和愉快地应用它们。"终身学习的含义表明,学习是贯穿个人一生的自觉行动。新时期教师职业道德规范将终身学习作为教师职业道德的一个重要内容,为此,教师应该做到以下几方面。

(一)树立终身学习理念

树立终身学习理念既是提升教师自身素质的内在动力,也是教师职业的现实要求。教师作为知识和文明的重要传播者和创造者,必须树立终身学习理念。只有如此,教师才能不断地完善自己,充分发挥自己的潜能。但是,目前教师工作量普遍较大,真正有效进修的时间不多,从客观上给教师拓宽眼界带来了困难。因此,教师应努力克服困难,找准自己的定位,树立终身学习的理念,掌握科技知识。只有如此,才能在教学中及时反映所任学科的前沿成就。

(二)更新知识结构

为了适应教育的未来发展,教师必须拓宽知识视野,更新知识结构,才能提高教育教学质量。概括来说,教师更新知识结构应包括以下四个方面。

第一,在科学知识激增,更新速度日新月异的今天,教师必须具有广博的科学文化知识,以提高和完善自身的科学文化素养。教师应该具备的科学文化知识,包括文史哲、数理化、音体美、外语和现代信息技术等多方面知识。教师科学文化素养的高低,直接关系到学校教育教学质量的高低和教育目的能否实现。教师只有具备较高的科学文化素养,才能满足现代学生对知识的需求。才能培养高智能的学生。

第二,教师必须精通所教学科的专业知识,教师专业化发展已是当今教育发展的趋势。教师只有经常更新专业知识,才能有厚实的知识功底和专业知识素养,在教学中才能旁征博引,深入浅出，才能提高教学效果。

第三，教师要有现代教育理论知识。现代教育理论不仅是社会发展对教育需求的集中体现，也反映了当代教育的基本思想。如果没有教育理论作为指导，教育教学的方向就是盲目的，也就不能按照现代信息社会的要求来培养学生。

第四，教师要有教育技术知识。在当代信息技术社会，教育技术已走进校园为教育服务，教育技术作为教育教学手段发挥着越来越重要的作用。网络技术和多媒体技术是现代教育技术的主要内容，而教师上课、学习和科研都离不开网络和多媒体。教师必须迅速适应科学技术的新发展，学习、掌握现代教育技术手段。

(三)积极探索教育规律

现代社会各国对人才的要求越来越高，教师只有把教育活动作为自己的研究对象，反思自身的教育实践，不断探索育人规律，才能适应时代的要求，才能创造性地完成教育工作。如果作为教师仅仅教书育人而不从事探索创新活动，那么其教育教学便不会有大的进步。我国教育发展要求教师具有基本的探索创新能力。实践表明，教育要创新，就要通过提高教师的探索能力去实现。

(四)认真钻研专业知识

教师只有不断提高专业素养，才能成为良师，从而培养出众多优秀的人才。具体来说，教师钻研专业知识，提高专业素养，需要完成以下几个方面的转变。

第一，教师的教育教学行为可以依据教材，但绝不能依赖教材。教师要总结经验，通过多种途径，不断丰富教育教学内容。

第二，教师要善于总结教学经验，反思自己的教学实践，促使自己的专业素养得到实质性转变。

第三，教师在阅读书本知识时，应该用辩证的眼光取舍书本内容，积极主动思考，养成独立自主的思维能力，发展自身的创新能力。

第四，教师要由过分关注应试知识向注重情感、态度和价值观转变。仅用专业知识教育人，培养的学生不是一个和谐发展的人。知识与情感、态度和价值观是相互作用的，使学生习得丰富的知识，并形成正确的价值取向才是我们教育的方向。

(五)提高自身的思想道德素质

教师要培养社会主义事业的建设者和接班人，就要有一个正确的政治方向。因此，教师要认真学习马克思主义、毛泽东思想、邓小平理论、"三个代表"重要思想和科学发展观，深入学习贯彻习近平新时代中国特色社会主义思想，确立马克思主义的世界观、人生观和价值观，掌握马克思主义的立场、观点和方法，并用来分析问题和解决问题。只有坚持辩证唯物论，从实际出发，自觉运用唯物辩证法，全面具体地分析问题和解决问题，才能不断改革、不断创新、不断前进。

(六)勇于开拓创新

对教师开拓创新的要求，必须从学生的智能发展，从学生的创造能力、创造品格的形成和发展出发(见表4-2)。

表4-2 勇于开拓创新的要求

要求	具体阐述
善于激发学生的认识兴趣	认识兴趣是学生学习的内在动力，要使学生创造性地学习，必须根据学生生理和智力发展水平采取相应的教育措施，教师要善于挖掘教材中丰富多彩的内容，创造生动活泼的教育形式，采用引人入胜的教学方法，以激发学生的认识兴趣
启发学生积极思考	教师调动学生积极思考，是培养学生创造能力、激发学生创造精神的主要途径。教师的教学方法应该灵活多样，无论采用哪种方法都要调动学生的思维能力，启发学生进行创造性思维

续表

要求	具体阐述
讲授科学的方法论	方法论是发明创造的有力武器,传播科学的方法论是发展学生创造性不可缺少的。学生对科学方法论的认识和掌握,主要靠教师传授,并且是在教师的引导下运用
引导学生去"发现"和"创造"	教师要培养学生的创造力,就要善于组织学生自己去观察、分析、比较、实验、研究、发现和创造。学生学习中的这种创造和发现,虽然大多数是主观的再创造和再发现,但对于学生本人而言,仍然是新的发现和创造。因此,教师应该加以肯定,使学生继续保持创造的意向

(七)加强教学反思

教学改革的实践证明,教学反思有利于教师深入思考教学实践,积累和提升自身教学经验,将其逐步内化为先进的教育理念,这是一条造就名师、名家的必由之路。在教学反思实践中,专家探索了多种反思方式。如,以主体为序列,有教师个人反思、教师集体反思、教师与学生共同反思、教师与家长沟通反思、教师与专家共同反思;以时间为序列,有日反思、周反思、月反思、期中反思和期末反思;以内容为序列,有个案反思、主题反思、学科反思、跨学科反思;以表现形式为序列,有反思日记、反思档案、反思报告等。

第五章 教师职业道德的范畴

教师职业道德范畴是指那些概括和反映教师道德的主要特征,体现一定社会对教师道德的根本要求,并成为教师的普遍内心信念,对教师的行为发生影响的基本道德概念,主要包括教师义务、教师良心、教师公正、教师仁慈、教师威信及教师幸福等范畴。

第一节 教师义务与教师良心

一、教师义务

(一)教师义务的含义

教师义务是指教师在自己的生活和职业领域应当承担的职责。它具有以下两方面的含义。

第一,教师要对社会、对他人承担一定的一般道德义务。

第二,要承担起教师的职业角色所要承担的职业道德义务。

(二)教师义务的作用

教师义务具有重要作用,概括来说主要包括以下几方面。

1. 有助于调节人际关系

由于教育劳动的特殊性和复杂性,在教师的日常工作中存在着复杂而特殊的人际关系,不可避免地会出现各种矛盾和冲突,如果不能快速解决这些矛盾和冲突,不仅会影响教学任务的完成,而且还会使教师处于一种人际关系的压力中,解决这些矛盾和冲突的关键是教师要真正认识到自己的责任和教育使命,承担起自己的义务,只有这样才能真正调节和处理好这些关系。所以说,教师义务有助于调节人际关系。

2. 有利于减少教育活动中的矛盾和冲突

教师在备课、上课、批改作业等方面具有很大的自由度,如果教师没有真正了解自己的义务或者是不自觉履行自己的义务,那么就容易造成与学生之间或者与家长之间的冲突,就会难以保证教学任务的顺利完成。解决这些冲突的最好办法就是教师认真履行自己的义务,以高度的责任心严格要求自己,认真担负起教师的职责,保证教学任务的顺利完成。

3. 有利于增强教师的教育信念

在我国,教师的基本职责就是要全面执行党的教育方针,为我国社会主义现代化建设和构建和谐社会培养大批合格人才。教师要完成这一使命,就必须在教育劳动中充分认识自己的职责,确立坚定的教育信念,以极端负责的态度自觉地调整自己的行为,忠实地履行教师的各种义务,完成教书育人的任务。对教师来说,只有具有正确的义务观和义务意识,才能为人民教育事业作出贡献。

4. 有助于培养学生的义务意识

教师的身教对学生起着潜移默化的影响,教师要想把学生培养成为什么样的人,自己首先必须是什么样的人。在教学过程中,教师如果能够认真履行自己的义务,认真对待教学工作,那么他们就为学生树立了榜样,会使学生在做任何事情时都自觉做自己该做的事,从而使学生成为一个负责任的人。

第五章　教师职业道德的范畴

5. 有利于提高教师道德"综合判断"的能力

在教育过程中,教师经常会遇到义务冲突的情况,在遇到这种情况时,教师只有正确认识自己的使命和明确自己的责任和义务,才能把握大局,真正履行自己的义务。

6. 有利于培养学生的义务意识

教育的重要使命之一就是使受教育者学会履行自己的义务,做一个负责任的人,在教育过程中,教师对学生的影响是巨大的,教师首先要是一个能够自觉履行自己义务的人,通过身教的方式也可以让学生成为一个能够自觉履行自己的道德义务的人。

7. 有利于培养教师高尚的道德品质

只有经历过实践考验的品质才是靠得住的,教师在履行道德义务时,往往会遇到考验意志的情况,经过反复的实践,教师的外在义务会逐渐内化为"内心需要"。苏霍姆林斯基也提出:"恪守义务可以使人变得更高尚。教育者的任务,就在于使义务感成为自觉纪律这个极其重要品质的核心,缺少了这个品质,学校就是不可想象的。"[1]因此,教师义务的确立反过来又会对增强教师的道德动机极为有利,从而形成高尚的道德品质。

8. 有利于在教育教学工作中培养高尚的道德品质

高尚的道德品质作为教师的一种内在的信念,是在长期的教学实践中逐渐形成的。一方面,任何一个选择了教师职业的人,都要认真履行自己的义务,按照教师的职业道德要求来选择自己的从业行为;另一方面,在教学实践中,教师也会逐渐认识到认真履行教师义务的必要性,从而形成一种高度自觉的责任感和使命感,促进自身道德觉悟的不断提升。

---

[1] [苏]苏霍姆林斯基. 和青年校长的谈话[M]. 赵玮等,译. 上海:上海教育出版社,1983:155.

(三)教师义务感的培养

教师义务感的培养是教师履行、承担相应义务的关键前提,具体来说可以从以下几方面来培养教师的义务感。

1. 提升教师的教育事业意识,确立教育信念

对于教育道德义务的认知存在于教师外在的知识体系中,要想使其真正发挥作用,必须将这些知识纳入教师的信念体系中。因此,"更高一级的教育道德意识乃是教师本人的遵循教师道德要求的愿望,是形成他的意志,成为他个人兴趣的内容的需要,当教育道德的规范成为个人的要求和分内事,成为他的愿望和兴趣时,那么他就会调动起他的思想、情感和意志,按这些规范去做。教育道德的要求将成为他本人的稳固的品质……"[①]

2. 培养教师的道德责任感

培养教师的道德责任感对提升教师的教育水平和道德水平都具有重要意义,但并不是所有教育中存在的消极后果都需要教师去承担,概括来说,教师应该承担的责任有以下几种基本限定。

第一,教师具有履行该义务相关的教育行为能力。

第二,某一义务是教育机构已经对教师提出明确要求的,也就是说,教师所应承担的责任必须是在教师应该承受的范围之内的,不能对教师提出过高的要求。

第三,客观条件已经为履行某一义务提供了条件,比如在比较落后的偏远地区,如果实验条件缺乏,那么就不能要求教师承担起严格的实验课的责任。

3. 普及教育道德知识,提高教师的道德义务认知水平

道德义务的形成是与个体对客观道德责任的认知和觉悟水

---

① 檀传宝. 教师伦理学专题——教育伦理范畴研究[M]. 北京:北京师范大学出版社,2010:110.

平密切联系的,因此,在对教师的培养中,对其客观道德责任的认知和学习就成为一个重要的组成部分,对义务的认知,尤其是结合了教师感情的认知对增强教师的义务感具有重要意义。

二、教师良心

(一)教师良心的含义

教师良心是指在教育实践中,教师对社会提出的一系列道德要求的自觉意识,是个人对学生、教师集体、学校和社会自觉履行职责的特殊责任感和道德自我评价能力。教师良心是隐藏在教师内心深处的一种意识活动,是教师道德觉悟的综合表现。

(二)教师良心的形成

1. 教师良心形成的前提

教师的主要职责是教书育人,这也就是说,教师不仅要帮助学生增长科学文化知识,还要关心他们内心的健康成长。然而,受到应试教育的影响,一些教师往往比较重视学生的学习成绩,而忽视了对学生心理健康进行教育,有的教师为了提高升学率,给学生布置了大量的家庭作业,这给学生造成了很大的压力。这些现象的出现揭示出教师对自身所承担责任的无知与遗忘。因此,对于教师来说,在教育过程中透彻理解教育责任是教师良心形成的前提。

2. 教师良心形成的基础

每个教师都经历过学生阶段,所以教师一定不要忘记自己做学生时的经历和体验,在教育的过程中,要设身处地地为学生着想,多从学生的角度出发看待问题,要考虑到自己的举动会对学生产生的影响,从而避免不良教学后果的出现。作为教育者,教师在教育过程中的情感体验会随着教学环境的变化而变化,但不管怎样变化,教师都要以学生的体验为中心,如果偏离了这一取向,教师的体验也就失去了意义。所以说,对教育生活的深刻体验是教师良心形成的基础。

3. 教师良心形成的关键

良心是一个人成为一个有道德的人的前提,一个人是否真的有道德,取决于他的行动,一个既有善良的意志,又表现出善良行动的人才是一个真正有道德的人。对于教师来说,在现实的教育生活中践行善良的意志是教师良心形成的关键,也就是说,把教师良心转化为道德行动是教师良心形成的关键。

(三)教师良心的意义

1. 能够对学生起到榜样作用

教育的对象是活生生的人,教育是造就人的事业,教师的引导和教育对学生具有重要的作用。在追求善的过程中,教师良心激励着教师不断提高自身的素质和升华自身的道德品质,这对学生具有潜移默化的影响,因此可以说,教师良心能够对学生起到榜样的作用。

2. 具有提升教师内在价值效能的作用

教育工作具有周期长和见效慢的特点,所以教师价值的体现也具有长期性的特点,教师良心能够对教师自身起到激励的作用,使其坚守自己最初的信念,将促进学生的健康成长作为教育的宗旨,从而能够在认真履行自己职责的过程中不断提高自己教师职业道德的境界。

3. 对教师的教育行为具有调控作用

任何一个教育过程中都存在着各种各样的关系,存在着关系就必然会产生一系列的矛盾,因此就需要一个调控机制,而教师良心就可以发挥一定的调控作用,教师良心支配着教师的行动,其贯穿于教师行为的各个方面,这主要表现在以下几方面。

第一,在行为进行前,教师的良心对行为的选择具有重要的指导作用,在某种状态下,教师之所以选择某种行为,是因为受到良心的支配。这种支配作用表现在教师的良心能够对其行为进行检查,使其符合教师的职业道德。

第二,在行为进行中,教师良心能够对行为进行监督和控制作用。一个有良心的教师在行动过程中不需要学校领导及学生家长的监督,他们的行动会受到自己良心的监督,会做出符合自己职业道德的行动。在行动的过程中,有良心的教师会不断纠正和克服不符合教师职业道德的行为,使自己的行为能够始终沿着正确的道路前进。

第三,在行为结束后,教师良心对行为后果具有评价的作用。在教育的实践中,教师的行为要受到两方面的评价,即来自社会舆论的评价和教师自身良心的评价。社会舆论的评价对教师的行为具有一定的规范作用,而教师良心本身就是一种约束,不需要任何外在的约束。教师良心促使教师对自己的行为进行反思,并做出评价,符合教师良心的行为会使教师产生一定的愉悦感,而违背教师良心的行为则会使教师产生羞愧感。总之,教师良心是其内在的道德规范,具有重要的调控和指导作用。

第二节 教师公正与教师仁慈

一、教师公正

(一)教师公正的含义

公正,即公道、正义,它表示人的品德,指为人处事没有私心,不违反公认的道德准则和公平合理的原则。教师职业公正,即教师的教育公正,是指教师在教育和教学过程中,公平合理地对待和评价每一个学生。当前,教师职业的公正性是教师职业道德素养水平的一个重要标志。

(二)教师公正的特征

教师公正具有显著的特点,概括来说主要包括以下几方面。

1. 历史性

教师公正是一个历史范畴,总是相对于特定历史时期的教师评价来说的,在不同的历史时期,社会的发展状况等是完全不同的,受社会环境的影响,人们对公正的理解也是不同的。作为教育行为的执行者,教师公正也必然会受到一定社会关系的影响而具有历史性的特征。

2. 自觉性

教育是一种目的性很强的社会活动,教育总是要教人从善。因此,与其他社会职业相比较,教师不管在职前教育或是职后实践中,都会有较高的教育公正的自觉意识。

3. 教育性

教师公正的教育性主要是由教师劳动的特征来决定的,教师劳动的特点之一就是教育主体与教育手段的同一性,所以教师能否公正处事、能否建立起公正的人际关系,特别是师生关系,往往对学生起到示范性和教育性的作用。

4. 开放性

信息时代,学生可以通过多种途径来获得知识,这就导致他们的价值观念和知识结构多元化,这就可能与教师形成了一定的差异,面对这种差异,教师公正也就具有一个新的特征——开放性。概括来说,这主要表现在以下几方面。

第一,向学生学习。教师如果能够真正走近学生,去尊重他们,并与他们进行交流,教师会发现,其实学生身上有很多东西是值得学习的。

第二,支持学生。从一定程度上来说,学生健康全面发展是各方面所追求的目标,也是教师的价值所在,所以,只要学生行动的大方向是对的,教师就应该给予支持,这也是教师公正的表现形式。

5. 平等性

平等是公正的核心问题,也是教师公正的主要特征。概括来说,这一特性主要表现在以下几方面。

第一,平等地对待不同家庭出身的学生,这也是现代教育对教师的要求。

第二,平等对待不同类型的学生,如学习好的和学习不好的,有特长的和没特长的学生等,教师都应该平等对待。

(三)教师公正的内容

教师公正的内容主要包括以下几点。

1. 秉公办事

秉公办事主要反映在对社会不公平现象的评判和抨击以及对学生利益的公正处理两个方面。

2. 面向全体

在教育教学中,教师应时刻牢记教育的对象是全体学生,要善待每位学生,真正做到一切为了学生,为了学生的一切,为了一切的学生。

3. 奖罚分明

奖罚是否能达到预期的目的,关键在于奖罚是否公平合理。教师要从教育目标出发,奖要合理,罚要公正,使学生心悦诚服。

4. 坚持真理

真理是对客观事物及其规律的反映。教师作为真理的传授者、学生思想品德的塑造者、学生心灵的陶冶者,应该是也必须是真理的化身。

(四)教师公正的意义

1. 有利于良好教育环境的形成

从教育的外部环境来看,具有公正德行的教师能够在日常生活中平等地对待他人,从教育的内部环境来说,具有公正德行的教师能够在工作中与同事和谐相处,服从领导的安排,能够积极履行自己的教育职责,努力促进学生的发展。从班级建设来看,班级是学生学习、生活与成长的重要场所,教师公正有益于良好班风、学风的养成。因此可以说,教师公正对营造利于学生健康成长的教育环境有着巨大的作用。

2. 有利于学生公正态度的形成

教师公正直接影响学生对公正的理解和认同。一名教师若是公正的,那公正的德行便会渗透在他的言行举止中,并通过与学生的交往传播到学生身上。在教师的言传身教、榜样示范下,学生对于公正的认识和理解都会发生相应的变化,学生公正的态度也会在无形中形成。

3. 有利于调动每个学生的学习积极性

教师公正地对待每个学生,能够为学生营造一个良好的精神环境,使学生热爱教师,喜欢学习,从而能够调动学生学习的积极性,使学生的潜力得到充分发挥。

4. 有利于学生公正德行的养成

在学生受到公正的待遇后,会切身感觉到公正是获得尊重的前提,也是人与人之间相处的一个重要原则,公正也会成为学生追求的目标,他们会在日常学习和工作中严格要求自己,从而努力提高自己践行公正的能力。

5. 有利于学生形成公正无私的道德品质

教师公正地对待每一个学生,会使学生感受到社会的公平和公正,感受到来自教师的关爱,这对他们的心灵具有积极的影响,有利于学生形成公正无私的道德品质。

(五)教师公正的实现

从教师的修养角度看,要真正践行教育公正或教师公正应注意做到以下几点。

1. 综合治理教师公正实现的教育环境

综合治理教育环境,尤其是教师的职业环境,对于规范教师的行为,促进依法治教和提高教师的公正水平具有积极意义。概括来说,可以通过以下几种方式来综合治理教育环境。

第一,增加教育投入,扩大教育资源总量。

第二,保障教师权利,优化职业环境。

第三,建立科学的教师评价机制。

2. 实现市场经济环境下的教师角色认同

实现社会主义市场经济环境下的教师角色认同,必须避免对教师职业的以下两种认知偏差。

第一,教师只有具备崇高的职业道德,才能真正将学生的利益放在首位,才能在具体的教育过程中充满公正感和责任感。

第二,教师职业也是教师实现自我价值的途径,教师自身的价值不仅体现在教书育人上,同时也体现在教师自身的成长和个人需要的满足上,教师应该将个性自我与角色自我融为一体,追求自身内在价值和外在价值的统一。作为社会主义合格建设者的培育人,教师应该是充满激情、不断完善自我的人。教师只有充分认识到自身的角色,才有利于实现市场经济环境下的教师角色认同。

3. 掌握教育分寸来实现教师公正

教育分寸,是教师为培养学生而选择最恰当的教育行为的一种职业道德和职业能力的尺度。教师依靠对学生高度负责的态度来调节教与学、师与生之间的矛盾关系,调节已经出现的或将要出现的一系列矛盾,做到讲究分寸和行为适度。

二、教师仁慈

(一)教师仁慈的含义

教师仁慈的含义表现在对学生心态的正、反两个方面:一是教师对学生无条件的爱心;二是教师对学生的高度宽容。而这两个方面又是互相关联在一起的。

(二)教师仁慈的特点

教师仁慈具有显著的特点,概括来说主要包括以下几方面。

1. 教育性

教师仁慈的教育性可以从以下两个方面加以说明。

(1)教育事业要求仁慈的德行

对于教师来说,拥有教育公正是非常重要的,教育公正如果离开教师对学生的爱心、理解和包容也是无法实现的,另外,教育事业也是一个充满爱心的事业,要求教师要爱学生,爱教育事业,所以,教育事业要求教师必须具有仁慈的德行。

(2)教育事业规定仁慈的特质

教育事业对仁慈有一种职业性的规定。中国人有句俗语,

"师生如父子"。教师的仁慈是一种无私的"类"(人类)的关怀、理智的热爱,一种事业型的伦理实践,而不像父母对子女那样带有个体性和血缘关系的性质——因而可能带有一定的狭隘与盲目性质。

2. 理性色彩

理性色彩是教师仁慈的一个显著特点,这主要表现在以下两方面。

第一,教师的仁慈会考虑到学生的长远发展,会从长远的利益出发来对学生进行关怀。

第二,教师对学生的仁慈建立在教师对教育的深刻理解之上,实际上,教师的仁慈不仅仅是一个人的品质,也是保证教育事业顺利进行的必然要求。

(三)教师仁慈的意义

教师仁慈的意义大体上可以概括为以下几个方面。

1. 能够增强教师的职业自信

一个教师如果能够真正做到仁慈,那么说明这个教师是一个在道德上已经达到了某种境界的教师。仁慈会让教师在日常的生活工作中游刃有余。同时,当一名教师能够真正践行仁慈时,他自身也会体会到乐趣,仁慈能够增强教师的自信,使之能够深刻体会到自己的职业意义,从而以更大的热情投身到教育事业中去。

2. 对学生的智力发展具有积极意义

教师对学生友善,学生就会感受到来自教师的爱,从而使学生容易从心理上接受教师和教师所教授的课程,并以优异的成绩回报教师,所以说,教师的仁慈对学生的智力发展具有积极意义。

3. 有利于学生形成积极的人生态度

教师的仁慈能够使学生体验到伦理生活的全面和技巧，形成对人信任与关怀的品质，形成积极的人生态度。

4. 有利于学生的心理健康发展

学生非常在意教师的一言一行，如果教师过于严厉，则会使学生产生一定的压力，对其心理发展会产生不良影响，而如果教师过于放纵学生，则容易使学生失去必要的控制能力和努力学习的机会，对学生的心理发展也是极为不利的。所以说，教师的仁慈要有利于学生的心理健康发展。

(四)教师仁慈的实现

要实现教师仁慈，必须要做到以下几方面。

1. 具有崇高的道德境界

对于教师来说，只有具有崇高的道德境界才能真正践行教师仁慈的原则。这是因为如果没有崇高的道德境界，就会陷入日常生活的利害中无法自拔，试想，自己都不是自由的，所以根本不可能真正践行仁慈的原则。

2. 拥有教育效能感(即教育信心)

教师的仁慈不仅要求其具有崇高的道德境界，还要求拥有良好的教育效能感(即教育信心)。只有拥有教育信心，才能发现自己所具有的价值，也才能尽自己最大的努力做好教育事业。

3. 掌握高超的沟通与表达技巧

对于中小学生来说，他们是非常重视教师的情感表达的，如果教师没有掌握好沟通与表达的技巧，那么教师仁慈是无法实现的。所以，教师一定要掌握高超的沟通与表达技巧，运用恰当的手段表达对学生的热爱、尊重、期待与善意的要求。

4. 做学生的心理关怀者

做学生的心理关怀者要求教师至少应当做到以下几点。

第一,要时刻关注学生的情绪变化,愿意听学生的倾诉,努力形成一个关爱学生的教学环境,使学生能够始终得到情感上的支持,使其生活在一个充满爱的环境中,学生能够始终充满安全感。

第二,对心理学知识有一定的了解,在学生遇到心理问题时能够想到方法为学生及时解决问题。

第三,对于学习不好的学生要加以鼓励,经常和他们沟通,帮助他们改进学习方式和方法,提高其学习的自信,对学生出现的其他心理问题也能够给予恰当处理。

第三节 教师威信与教师幸福

一、教师威信

(一)教师威信的含义

教师威信是社会、尤其是教育环境中的人对教师个人在职业实践活动中的道德地位、道德影响力的自觉承认、褒扬、赞赏,是教师社会价值的表征。教师威信是教师人格的力量,是教师能力的整合,是建立在教师对学生的人道心,对学生的关怀和爱护,对学生人格的尊重,以及自己丰富的知识和卓越的才能,完善的人格上的。

(二)教师威信形成的条件

1. 客观条件

教师威信形成的客观条件主要包括以下几方面。

第一,教师在全社会的政治和经济地位。教师只有在社会上真正受到重视,教师职业才能成为人们敬仰的职业,教师的威信才有可能最终形成。

第二,教育行政机关和学校领导对教师工作的信任、关心和支持是提高教师威信的一个重要条件。教育行政机关和学校领导是直接管理学校的权力机构和人物,他们应该在工作上多支持教师,在生活上多关心教师,对教师所取得的成绩要给予肯定,这种肯定对提高教师威信具有积极意义。

第三,家长对教师的态度也是影响教师威信的重要因素,为了提高教师威信,同时也是为了更好地教育孩子,家长在家中一定要尊重教师,自觉维护教师的威信,在家庭中营造良好的尊师爱师的气氛。

2. 主观条件

教师威信形成的主观条件主要包括以下几方面(见表5-1)。

表 5-1 教师威信形成的主观条件

教师威信形成的主观条件	具体阐述
教师的专业素质	包括教师的专业知识和专业技能。如果教师在其所教学科方面不具备应有的丰富知识和熟练技能,那么便不能指导学生解决学习中遇到的问题,并因此而不能"镇住"学生。因此教师对学生的权威首先是专业权威
教师的人格魅力	热情和蔼、诚实、谦逊、守信、公正等人格特性可以使学生对教师产生信任感,有助于教师威信的树立与提高。而冷漠、粗暴、虚伪、傲慢、失信、偏袒等人格特性则会导致学生对教师产生不信任感。这样的教师即便具备良好的专业素质,也难以被学生认可

续表

教师威信形成的主观条件	具体阐述
教师的评价手段	包括教师对学生评价的时机是否适当、评价的场合是否适宜、评价的强度是否适中、评价的方式是否合适,这些都关系到评价的效果,影响着学生对教师所做评价的接受程度,并因此而影响到教师权威的建立与巩固
师生关系	师生关系良好时,教师所施加的影响,即便是错误的,学生也能乐意接受,尽管这种接受常带有盲目性;师生关系恶化时,教师所施加的影响即便是正确的,学生也难以接受

(三)教师威信形成的途径

概括来说,教师威信形成的途径主要有以下几种。

1. 学校教育教学实践活动

教师是学校各项活动的组织者,在组织的过程中,教师的各项素质能够得到充分展现。教学实践活动既为教师提供了展示自己的机会,同时也给教师提出了一些客观的要求。教师在学校教育教学实践活动中表现出色,能够赢得学生的喜爱,那么对于提高其自身的教师威信具有积极意义。

2. 日常师生交往

在日常的师生交往中,教师和学生坦然地表达自己的思想和观点等,能够增加彼此之间的了解,在这一过程中,教师的高尚道德更能被学生了解,并且使学生对教师产生一种亲近感,能够真正成为学生的良师益友。教师威信也更容易形成。

3. 第一印象的建立

在和教师第一次见面时,学生会观察教师的仪容仪表、举止态度等,从而根据自己的观察给教师做出一个初步的评价,这就是学生对教师的第一印象,这个第一印象常常会让学生记忆犹新,所以,教师一定要重视和学生的第一次见面,在见面之前一定要做好充足的准备,熟悉教材,掌握学生的基本情况,力求表现出较强的教学能力和教育机智。如果教师在和学生见面之前没有准备好,那么就会表现出心情紧张、语无伦次等,不利于教师威信的形成。当然,第一印象也是可以改变的,教师如果第一印象没建立好,通过长期接触,随着学生对教师长时间的深入了解,情况也可以慢慢好转,但这种情况毕竟要花费更大的代价。

(四)教师威信的影响因素

概括来说,教师威信的影响因素主要包括以下几方面。

1. 吸引力量

吸引力量指师生关系中的密切的程度。

2. 专长力量

专长力量指教师的知识和技能水平。

3. 奖赏力量

奖赏力量指给予学生表扬和激励因素的能力。

4. 法统力量

法统力量指学生接受制度、法规、传统习惯的影响力量。

5. 强制力量

强制力量指利用权力给予制约的能力。

二、教师幸福

(一)教师幸福的含义

教师的职业幸福是教师人生的主题和人生的根本问题,是教师职业道德的出发点和归宿,是教师通过职业活动后获得的一种满足和愉悦。在教师的职业生涯中,有了快乐的心态,就会有一个与学生共同成长的快乐过程,才能在繁忙与劳累的工作中寻找到当教师的意义,体会到当教师的幸福感。

(二)教师幸福的意义

教师幸福的意义主要包括以下几方面。

1. 教师的职业幸福会促进或加速教师的专业成长和成熟

教师的职业幸福很大程度上取决于教师业务能力的高低和为学校创造了多少价值。时代的发展和社会的进步,要求教师具有高深的专业知识,为了满足时代的要求,教师专业进步的要求与渴望逐渐上升。在这种背景下,教师的职业幸福感会促进或加速教师的专业成长和成熟。

2. 教师的职业幸福更能培养出全面发展和幸福的学生

教师必须有一个健康的人格。只有教师具有独立完美、积极向上的健康人格,才能热爱教育事业,才能从中体会出幸福的滋味,也才能使学生的人格趋于独立和完整,才能在今后工作中发挥其影响和辐射作用,从而培养出全面发展和幸福的学生。

(三)教师幸福能力的提升

幸福能力是主体发现、感受与创造幸福的能力。教师幸福是社会环境和教师品质、能力共同作用的结果。要提升教师幸福能力,需要做到以下几方面。

1. 建构合理的幸福观

幸福观是人们对什么是幸福、幸福的标准是什么以及如何才能获得幸福感的根本性看法,它是人们对待幸福问题上的集中表现,对幸福的方向和强度具有导向和驱动的作用。作为教师,要想在自己的职业生涯中获得幸福感,必须要构建合理的幸福观。

2. 拥有健康的身心

教师要提升幸福能力,身心健康是前提条件。常言道"身体是革命的本钱",教师的工作量很大,即使下了班,也经常会批改作业、备课等,因此,教师一定要注意调节自己的情绪,合理释放压力。只有保持健康的身心,才能谈工作,也才能谈从工作中获得幸福感。

3. 树立积极的心态和敬业的态度

当人们寻找生命的真谛,追求人生的价值时,就会审视脚下的每一步,思考存在的每一秒。树立积极的心态和敬业的态度,决定了我们的生活是不是圆满,也决定了我们的人生是不是快乐幸福。

第六章 中小学教师在具体活动中的师德

作为青少年学生成长的引路人,教师的思想政治素质和职业道德水平不仅关系着广大青少年健康成长和中小学教学的现状,而且关系到民族和国家的命运与未来。提高中小学教师在具体教学活动中的师德素养,对构建社会主义和谐社会,促进社会主义事业的发展,实现中华民族的伟大复兴,具有极其重要的意义。在中小学教学活动中,教师的师德具体体现为教师处理与学生、同事、家长和教学工作之间的关系,正确处理好这些关系,直接关系着教育活动开展的质量和效率。

第一节 师生关系中的师德

师生关系中的师德建设取决于教师和学生的共同努力,而关键还在于教师。在师生之间道德关系的调适中,教师应做到以下几点。

一、确立学生的主体地位

无论在任何教育活动中,教师和学生都是主体组成部分。学生是学习者,是学习的主体,教师是教育者,是在教育教学工作中起主导作用的主体。

在具体的学习过程中,由内因和外因两项因素起作用,其中学生自身的作用是内因,教师的作用是外因,而且外因基于内因起作用。

在教育教学工作中,教师正确地发挥主导作用应注意以下两点。

(一)唤醒学生的自主意识,强化学生的主体意识

在教育过程中,教师扮演着教育引导者的角色,教师要有意识地唤醒学生的自主意识,并且强化学生的主体意识。首先,教师要更新教学观念,树立"以学生为主体"的教育理念,教师要认识到自己只是学生的助学者和疏导者,要将学生看成有完整生命的人,让学生意识到自己是学习的主人,进而促进学生积极主动地学习。其次,教师要尊重和信任学生,满足学生的合理要求,鼓励学生独立思考,同时创造轻松和谐的教学环境,平等公正地对待学生,发挥学生的潜在能力。如果忽视学生的主体积极性,采取简单、粗暴的教育手段,就会大大损伤学生的自尊心,教育教学就难以取得好的效果。

(二)激发学生的主体情感

教师要注意激发学生的主体情感。学生如果对学习产生兴趣,感到快乐的话,就是教学成功的一个重要标志。激发学生的主体情感,尊重学生主体地位,构建新型师生关系,要做好"五个引导"。

第一,引导学生自我定向。在教学中,教师可以引导学生自己来确定学习目标,安排学习计划,自定学习的方向。

第二,引导学生自我探究。教师应引导学生独立思考,让学生自己发现问题、解决问题,自主探究知识和总结科学结论。

第三,引导学生自主评价。教师应引导学生依据学习目标,对自身的学习目标、学习策略、学习方法、学习计划进行反思与评价,进而对学习过程进行监控。

第四,引导学生自我调控。教师应让学生根据学习目标,发

现学习差距,进而鼓励学生思考改进的策略,及时调整学习方式,最终实现学习目标。

第五,引导学生自我激励。教师应鼓励学生在学习中勇于面对和克服困难,引导学生体验成果的喜悦,使学生保持积极活跃的学习状态。

当前,中小学普遍存在着一个问题,就是一些教师不同程度地偏爱一些听话的和读书好的学生,对另外一些学生则不够爱护,不够关心,甚至歧视一部分学生,扼杀了他们的主动性和积极性。由此引发了一系列问题,包括学生弃学、出走,甚至发生更加严重的事件。有的教师认为以学生为主体是不可能的,当教师就得叫学生怕,否则就没法当教师。这种看法过于简单,过于片面,是错误的。主张教师的权威性并没有错,但权威不是自封的,更不是靠侮辱和体罚学生来树立的。教师越是尊重和信任学生,越以平等的态度对待学生,就越能调动学生的主动性,教育教学效果就越好,教师就越有权威。在确立学生主体地位的同时,教师也要加强自身的主导作用。中小学生无论是科学知识还是社会生活经验都不丰富,都需要教师的悉心指导,教师只有积极地、正确地发挥主导作用,教育教学工作才会成功,才能全面提高学生素质,同时,教师的自身素质也会得到提升。

二、充分尊重学生

教育要想获得成功,首先要尊重和信任学生。尊重学生具体体现为:首先,对达到一定要求的学生给予充分的肯定,对学生的意愿和要求给予充分的肯定;其次,要培养和保护学生的自尊心,发展和尊重学生的个性。尊重学生就要信任学生,信任是一种特殊的尊重。作为一种无形的教育力量,教师的信任能够对学生产生特殊的教育效果。教师将学生看作什么样的人,就相当于在暗示学生将来会成为什么样的人。如果一个医生对病人说,你的病治不好了,毫无希望了。这样的医生不是一个人道主义的医生。

同样,如果一个教师对犯有错误的学生说,你已没有希望,没有发展前途了,或者教师并没有直接说,但教师的态度却经常地流露出对他失去信心,这样的教师也不是一个人道主义的教师。因此,教师充分地信任学生,与学生建立平等、和谐的师生关系。尤其是对于成绩一般或犯错误的学生,更要给予他们信任,这有助于他们获得不断进步的勇气。尊重学生的自尊心,是教师职业道德情感的具体体现,是教育规律的客观反映和学生心理的要求。教师对于学生的尊重、信任,包含着对学生个体存在价值和上进愿望的肯定,这是调动学生积极性的关键。教师的责任在于机智而敏锐地发现和保护学生求上进的自尊心。

尊重是爱的别名,没有尊重就没有爱。每个教师,都应爱护学生的自尊心,无论如何都不应该挫伤人们心灵中最敏感的角落——自尊心。正如陶行知先生所言:"你的教鞭下有瓦特,你的冷眼里有牛顿,你的讥笑中有爱迪生。"

尊重学生就要尊重学生的人格。处在教育主导地位的教师有尊重学生人格的义务。在学校,学生虽然是接受教育的一方,但仍享有法律上和道德上的人格独立。师生在法律上、道德上的人格是平等的,没有尊卑贵贱之分,应当互相尊重。教师应当以和平友好的态度对待学生,不能高高在上,不能讽刺、挖苦、辱骂甚至体罚学生。凡是与尊重学生的要求对立的言行,都是对学生人格的侮辱。打骂、体罚学生是无视学生人格的极端表现,也是教师自身素质低劣的表现。这不仅难以实现教育目的,而且学生压根不服,甚至会产生恶劣的影响,在我国一些地方的个别学校体罚学生屡禁不止,究其原因:一是封建教育所信奉的"不打不成才"残余思想的影响;二是教师缺乏人道精神,人格扭曲;三是片面追求升学率,应试教育强调分数,不看负面影响的结果。体罚学生,缺乏正确的教育方法实际上是教育无能、教师无能的表现。当然,学生犯错误时,教师也不能姑息迁就,但必须善意地提出批评,指出不足,这样学生也乐意接受,并自觉地改正错误,尊重学生人格,教师还应学会自我克制。教师在教育中要善于自我控制自己的情绪,自我把握教育态度和行为。教师也是平常人,也有七情六欲、喜怒哀乐,也有心烦气躁、心情不佳的时候。当教师遇到不顺心的事情的时候,更要特别注意控制自己的情绪,调节自己情绪,不要迁怒于学生,要保持宽广的胸怀,保持良好的形象,才有利于师生关系的协调,尊重学生人格还表现在对学生个性的尊重。个性是一个人带有倾向性本质和比较稳定的心理特征,是一个人兴趣、能力、气质、性格等的总和。学生个性是指学生在心理上、性格上、气质上和专业特长上的独特性。在我国,学校教育在很长一段时间不重视学生个性的培养,忽视学生的主体精神,教师在教学目的、教学内容、教育方法、使用的教材、教学进度等方面过分强调学生就像工厂里批量生产的"产品"一样,让学生都以一种标准、一种模式去学习,这种做法严重束缚了学生主体精神和创造性的培养和发挥,扼杀了学生个性和创造性的培养。每个学生都有自己独特的个性,社会发展也需要各种不同类型和特点的人才。所以,只有因材施教,才能因势利导、有的放矢,收到理想的教育效果。

三、热爱学生、关心学生和深入了解学生

学生是教师职业道德中的重要规范,是教育活动有效开展的基础。没有爱,就没有教育。是否热爱自己的学生,实际上决定了教师教育工作的成败。苏联教育家捷尔任斯基说道:"谁爱孩子,孩子就爱他。只有爱孩子的人,他才能教育孩子。"热爱学生本质而言是一种教育手段,教师热爱学生能使学生内心感到温暖,能够激发学生的自信心,促进学生不断上进,这种精神力量是促进学生进步的内在动力。这种肯定的情绪,还会因为迁移作用引起学生相应的情感,使他们逐步产生关心人、爱护人和照顾人等心理,发展他们积极向上的乐观性格。反之,一个学生如果总是受到教师的批评和指责,就感到压抑、悲观,产生被遗弃感和自卑感,失去前进的信心,这种消极的情绪体验会使学生变得势利、

虚伪、仇恨等有害的道德经验,严重影响他们的人格健全,因此真挚的爱是开启学生心扉的钥匙,它可以激发学生奋发向上的激情。学生本身的进取心是取得进步的内在动力,教师的教育仅是一种外部力量,教师的教育要求只有融合在对学生的爱和情感里,才能转化为学生自身的需要,引起他们的积极反应,教育的要求才能转化为学生自己的内部需要,从而达到教育的目的,获得教育的成功。教师对于学生的爱不能仅仅停留在单纯的感情上,更不能是一种偏私的爱,而是感情倾注与严格要求相结合的方式。真正热爱学生的教师总是把爱与严相结合起来,只爱不严,不是真爱,只严不爱,也无法真严。教师必须严爱结合,才能真正达到教育的目的。当学生达不到教师的期望和要求时,要设身处地地为学生着想,不要产生急躁的情绪,要用简单的方式对待学生。

教师热爱学生是为了教育学生,要教育好学生,就得先了解学生。只有真正地了解学生,才能更好地热爱学生。了解学生是教育的前提和基础。教育工作是从了解学生开始的。不了解学生的内心世界,就搞不好教育,达不到教育的目的,收不到教育的效果。只有掌握了学生的思想状况、个性特点、学习生活情况才能从学生的实际出发,有目的地进行教育。在我们的素质教育中,教师应该把了解学生、研究学生的心理需求作为掌握教育艺术的基本功,这是教师应具备的基本素质。苏霍姆林斯基曾说过:"全体教师要了解涉及每一个学生的一切,即了解他们的思维、情感、天资、能力、兴趣、倾向和爱好,这是我们的职责。"

了解学生不是目的,而是进行教育的前提。"每一个人就是一个世界",每个学生都是一个十分丰富和复杂的世界。了解学生,要把了解学生个人同集体结合起来,做到既见树木,又见森林。

了解学生的心理状态,了解他们的家庭情况,了解他们的志趣爱好,了解他们的喜、怒、哀、乐等。要把了解学生与教育学生紧密地结合起来,既在教育中了解学生,又在了解中教育学生。因材施教的前提就是了解学生,全面真实地掌握学生的情况。这是对每位教师提出的一条重要的道德要求。

四、公平公正地对待学生

尊重学生、热爱学生,就要平等地对待学生。教师公平公正地对待学生,由于形成良好的教育环境,有助于提高威信,有助于激发学生学习的积极性。总而言之,公平公正地对待学生,就要真心地爱学生。

(一)平等地对待学生

平等对待学生属于教育学中树立正确师生观的问题。教师公平地对待学生,首先表现为教师尊重和信任学生,社会中的个体与个体之间是平等的,这种平等的突出表现就是受到别人的尊重。学生是独立、具有尊严的个体,他们需要也应该受到别人的尊重,尤其是教师和家长的尊重。对于学生而言,教师的态度和言行对学生有着重要的影响作用,因此教师在对待学生时要做到公平公正,充分尊重每一个学生。

(二)关爱全体学生,一视同仁

公平公正地对待学生就要关爱全体学生,对所有学生一视同仁,即教师不能以自己的好恶为标准来处理师生关系,不能偏袒或冷落某些学生,应该为学生提供平等的学习机会,对学生的批评和表扬要恰到好处。学生出身于不同的家庭,有着不同的个性,能力、智力和品行也各不相同。教师如果仅依靠自己的感情教学,就会显得十分狭隘,有失公允。所以,教师要对每一个学生一视同仁,就像一座天平一样,不偏不倚。

(三)实事求是,赏罚分明

学生道德认识的形成与周围成人的反应(肯定或否定、奖励或惩罚、赞许或批评等)有着密切的关系,因此教师对学生的行为要做出公平的评价,以使学生形成正确的道德认识。当学生犯错时,无论这名学生学习成绩是优秀还是较差,应该批评时就要批评;当学生做了好事,无论他是听话的学生还是调皮的学生,应该表扬的时候就要表扬,要做到一视同仁。

(四)长善救失,因材施教

公平公正地对待学生还表现为向学生提供同样的发展机会,做到长善救失,因材施教。在班集体中,不是所有的学生都性格开朗,有些学生性格内向,不善于发言,此时教师不能因此就不让他们发言,而应该鼓励他们多发言,帮助他们树立信心。

(五)面向全体,点面结合

面向全体,点面结合,就是要求教师在个别教学和集体教育中做到教育公正。学生是有差异性的,对于后进的学生,教师给予适当的补课和一些特别的关照是应该的,这是为了他们的进步;对于聪慧的优秀生,应该给他们创造提高的条件,这样才能促进学生更好地发展。优秀教师的魅力不仅体现在具有渊博的知识,还体现在客观公正地对待每一位学生。对于教师而言,做到公平公正可以引导学生明白是与非,能够指引学生走向高尚而远离卑鄙。

五、严格、全面地要求学生

严格要求学生是爱学生的一种具体表现,爱学生就要严格要求学生,指导学生向着良好的方向发展。热爱学生、尊重学生与严格要求学生,并不矛盾。相反,他们是一个有机的整体。苏联教育家马卡连柯说过:"我的基本原则永远是尽量多地要求个人,也尽可能地尊重一个人。实在说,在我们的辩证法里,这两者是一个东西。对我们所不尊重的人,不可能提出更多的要求。"严格要求学生,必须讲科学、讲规律、讲情理,必须同尊重、信任、理解、爱护学生相结合,才能真正收到良好的教育效果,达到教育目的。教师在严格教育学生、全面要求学生时应当注意以下几点。

一是严而有格。严而有格是指严格要求要有既定的标准,即根据党和国家的教育方针而制定的学校培养目标。教师的任何教学活动都要围绕这一标准开展,脱离了这一标准,就不能算作严格要求,教学就会带有随意性。

二是严而有度。教师要对学生的实际情况有一个准确的估量,包括学生的学习水平、理解能力、接受能力等,这样才能提出符合学生水平的要求。这也就要求教师在具体的教学中热爱和关心学生,并在认真考虑教学条件的基础上选择最佳的教育行为和方式。例如,在教学中对学生的要求要适度不能为了提高课程的教学质量,不顾学生的实际情况和其他方面的要求,布置大量的作业、安排大量的考试,大量占用学生的课余时间,超过学生的实际接受能力,这样会使学生的个性得不到健康、活泼地发展。

三是严而有方。教师在严格要求学生时,要考虑方式方法,要让学生乐于接受和执行所提出的要求。如果教师的要求不能在实践中转化为学生的自觉行动,将不会发挥任何作用。所以,教师在提出要求之前,要充分考虑学生的实际情况,同时选择最佳的教育方式,从而取得最佳的教育效果。

四是严而有恒。所谓恒,就是要坚持,一以贯之,长久执行。教师对学生的要求要始终如一,坚持到底,不要朝令夕改要保持一定的稳定性。并且,教师提出要求后要有检查和落实,不要虎头蛇尾。只有布置,没有落实,等于没有要求,这样不仅影响教育效果,而且教师的威信也会大大下降。因此,教师的意志要坚定,自身态度要严肃,不要轻易改变曾经提出的要求。

五是严而有情。教师的严出于爱,爱寓于严。如果教师对学生只爱不严,那就成了放任、纵容,最终会害了学生。如果只"严"不爱,那么这种严要求达不到教育的目的。当然,严格要求学生要严得合情合理,而不是吹毛求疵,或者是强横无理。严格要求学生不能束缚学生的个性发展。

严格教育学生是一门学问。教师要将"爱"与"严"有机地融合在一起,既给予学生充分的爱,又严格要求学生,使学生快乐、健康地成长。

第二节　教师与同事关系中的师德

与同事的交往是教师人际关系的重要组成部分,它与师生交往关系相比没有主导和主体之分;它与教师和家长的交往关系相比,没有主导和辅助之别,而是一种平等互助的关系。在学校的全部工作中,教学是中心,它以教师的辛勤工作为基础。教师是学校集体中最重要、最基本的组成部分,教书育人是教师个体与学校集体共同合力作用的过程。教师要想完成教书育人的任务和目标,实现自身的价值,必须正确处理好与学校集体的各种关系。

一、维护教师集体的统一,自觉服从集体利益

现代教育是一个靠集体分工协作才能完成的事业,任何个人都不可能单独承担起全面育人的任务。教师工作在形式上较多地表现为个体劳动,从备课、授课到与学生谈话、组织学习活动,很多时候都是教师单独进行。但学生在校期间所接受的教育影响,不是只来自某个教师,而是来自整个教师集体。只有教师集体团结统一、步调一致,才能有效地培养好学生。从这个意义上说,教师的劳动又具有集体性和统一性。具体而言,要努力做到以下几个方面。

(一)在工作上,要服从学校的安排

学校根据整个人员情况和工作需要,分配给教师具体的教育教学任务。学校的安排与个人意愿,可能是一致的,也可能有所

不同。作为学校,在可能的情况下,会照顾个人的需要,尽可能地加以协调。作为教师,则要以大局为重,尽可能克服困难,积极服从学校的统一安排。这是对教师最基本的师德要求。

(二)顾全大局,小集体要服从大集体

学校是一个教育的整体,它要按照党的教育方针、学生成长的需要以及社会发展的需要,制定总体的教育计划,并要求各个教育教学单位认真执行,以形成一个全校性的教育氛围,最终实现教育目的。一个具有集体意识的教师,不能以个人或小集体的需要为理由,拒绝执行学校的教育计划。而应该在顾全大局的前提下,从自己局部工作的实际出发,创造性地贯彻学校的教育计划。

二、尊重他人,与人为善

渴望得到他人的尊重是每个人的心理需要,这种需要的满足,会激发人的创造力和对美好生活的向往。由于教师工作性质、特点与其他行业不同,教师对他人的尊重更为强烈。如果教师之间彼此尊重,就会产生一种和谐融洽的心理氛围,教师就会把集体看成是自己的集体,对它有一种依恋感,这是集体凝聚力产生的基础。在集体生活中,每位教师要把尊重他人作为自己应该遵守的职业道德并在彼此交往中体现出来。

教师间要互相尊重、相互支持。首先,担任同一学科的教师要互相帮助,取人之长,补己之短。同一学科的教师一般都毕业于不同学校,教学时间长短不一,教学方法各有所长,但每位教师都有自己的特点和长处。俗话说:"尺有所短,寸有所长。"因此,教师需要互相学习。其次,不同学科的教师,特别是教同一班级的不同学科的教师,要互相尊重,互相配合。在学校中各种学科都是素质教育、培养全面发展人才所必需的,它们之间是相互联系、相互促进的。因此,每一位教师都不应该过分强调本学科的重要性,有意无意地贬低其他学科的重要性。正确的做法应该是努力维护其他教师的威信,提高本学科的教学质量。最后,年轻教师与老教师之间要互相尊重,互相学习。一般来说,老教师的教学经验比较多,知识比较丰富。而年轻教师思想敏锐,朝气蓬勃,富有创新精神,但却缺乏教学经验。所以,年轻教师应该虚心向老教师请教,使自己不断地成熟起来。老教师也应该满腔热忱地爱护和关心年轻教师的成长,注意学习他们的求知创新精神,使自己永葆青春。

三、理解他人,豁达大度

理解能够沟通心灵,达成思想上的共识,理解使人们消除猜忌,创造轻松和谐的氛围。在教师集体中,由于相互之间个性不同,在对同一问题或不同问题的看法与处理上,会产生分歧,这是很正常的现象。当遇到矛盾时,需要彼此都能站在对方的角度思考问题,也就是多进行心理互换,从而理解对方的想法与做法。在此基础上求同存异,找出解决问题的共同方法。学会理解,是处理同事关系的重要方面。

在集体生活中,教师之间还可能出现一方被误解的情况。由于教师在工作形式上经常处于个体劳动状态,彼此之间并非十分了解。因此,在工作上,其他教师不了解自己,甚至误解自己的情况是有可能发生的。遇到这种情况,需要教师具有豁达的心胸,不计较他人对自己的误解。可以适时做一些必要的解释,以得到他人的理解与支持。处理教师之间的关系,需要多一点宽容和谅解,与人为善,真诚待人。理解其他教师时需注意以下几点。

首先,理解人要先了解人,设身处地地为他人思考一下,才能理解他人,在宽容的基础上,寻求解决的办法。相互理解了,问题往往就能迎刃而解。

其次,理解别人需要平等的观念。人与人的关系始终存在着强弱、上下的差别,这是客观存在的,我们无法平衡这种不对等的关系。但要达到相互理解,必须抛弃强者俯视弱者、成人小瞧孩童的不平等视觉,代之以平等的观念。以理性的思维、积极乐观的态度去面对其他教师,消除不同点,扩大共同点,感染对方,欣赏对方,理解对方。

最后,理解别人需要一颗赤诚无私的心。理解他人的前提是自身在理解过程中不带有任何私利、非分的欲望以及各种诱惑,以中立的观点分析问题,理解他人。

四、学会合作,奉献集体

每一位教师的成长,都需要一定的外部条件,生活、工作的地方就是其成长的沃土。这需要大家共同为这个土壤补给营养、水分、阳光,共同创造一个和谐的、有利于每个人发展自我的空间。换言之,从另一个角度看,集体的发展是每个人发展的基础,而每个人对集体的发展都有不可推卸的责任。因此,每位教师要把集体看作是自己的集体,主动去关心它,为其发展不断地做出自己的努力。这在客观上又要求教师必须学会与他人合作,共同创造和谐的集体。要与人合作,先要调整好自己。同时,加快自身的发展,为集体作出贡献。

(一)积极合作,发展自我

合作不是教师单方面的一厢情愿,而是交往双方的事情。但是,能否实现合作,则取决于双方各自的态度与素养。各自都希望合作,这是前提。有了这个前提,就能充分调动自己内在的积极性,使双方都能感受到对方的诚意与热情。但仅有这些是不够的,还需要双方能够自觉地克服一些影响合作的心理障碍。

教师间的合作不仅体现在某项具体任务的完成上,而且大量的合作体现在日常的教育与教学中。虽然教师的工作形式带有很强的个体性,但是,如果教师之间没有经常的合作,很难保证教育教学任务能够顺利完成。因此,学生的培养需要教师具有积极主动与人合作的职业道德。合作可以表现在以下几个方面。

一是教授相同学科教师之间的合作。共同的教学任务使教师之间的交流与合作成为必然。怎样在教学大纲、教材、课时完全相同的情况下,提高教师的整体水平,提高教学质量,这就需要每一位教师贡献自己的智慧。这个过程就是合作的过程。它需要教师主动地思考,积极地探索。把每个人的智慧集中起来,就可以变为集体的智慧,在教育教学中发挥作用。集体发展了,又会促进个人提高。如果怕别人超过自己,而保守自己带有创意的新想法、新做法,其结果既不利于自己的进步,也不能推动集体的发展。

二是教授不同学科教师之间的合作。每个教师都有通过自己的学科教学促进学生全面发展的任务。因此,任何教师都会对其予以高度重视。但是,如果教师之间不能协调一致,都过分夸大自己学科在学生成长成才中的作用,为使学生重视自己所教学科而与其他教师争课时、压作业,其结果必然造成学生的负担过重,甚至还会对此产生逆反心理,最终影响学生的成长。因此,为了学生的全面发展,需要教授不同学科的教师具有合作的意识,不仅能够按照学校的整体教育计划实施教学,还能为其他学科教学任务的完成创造条件。

三是班主任与任课教师之间的合作。班主任既是普通教师,又是一个班集体教育教学工作的组织者和领导者。班主任需要培养学生干部、建设班集体、组织班级活动等,是对学生的全面发展负责的重要人物。同时,在学生发展过程中,学科教师承担着班级学生的教育教学任务,班主任要善于团结其他学科教师,注意发挥其他教师的作用。学科教师在完成教学任务的同时,还应当主动和班主任配合工作,及时向班主任反映学生的思想和学习变化的情况,积极参加班级组织的各种活动,与班主任良好互动。

(二)发展自我,为集体多作贡献

教师的成长与发展离不开个人的主观努力和教师集体的帮助,前者是基础,后者是条件。二者缺一不可。不少优秀教师在谈到自己的成长时,有很多共同点,其中之一就是集体的发展为自己的发展创造了条件。因此,他们庆幸自己遇到了好的集体。这也启示我们:在现代社会,一个人要想得到发展,仅靠个人的力量是远远不够的,它需要借助集体的智慧。但是,集体的发展不是自然而然的,它需要教师的贡献,需要有一种良性循环,即教师在发展自我的同时,积极为集体奉献自己的聪明才智,促进集体的进步;而集体的发展又为个人的完善创造条件。只有这样,才能达到集体与个人的共同发展。

第三节 教师与学生家长关系中的师德

家庭是塑造个人品格的第一个场所,青少年学生心灵和品格首先在家庭中形成,然后才会在社会生活中磨练成熟起来,这是自然的秩序。由此可见家庭教育的重要性。要调动起家长教育的积极性和主动性,就必须处理好教师与家长的关系。这种关系是以学生为基础,在教育、培养学生的共同目标下形成一种新的教育交往关系;也是在新的社会环境下产生的学校、家庭、社会形成教育合力,共同完成育人使命的新型教育方式。教师与家长彼此之间可能有一个由不了解到了解再到配合默契的发展阶段。教师在其中所起的作用至关重要,教师在建设与家长的关系中,要充分表现出教师的职业道德。

一、建立平等的沟通关系

(一)教师与家长建立平等合作教育伦理关系的依据

1. 学生作为纽带,要求教师与家长建立平等合作关系

学校与家庭由于学生这个中介、桥梁、纽带建立联系,两者之

间构成了一种不以任何一方的意志为转移的客观关系。家长与教师有着相同的教育对象、共同的愿望、一致的社会责任。因此，家长与教师之间是一种合作关系，是一种协作关系。因此，教师与学生家长需要建立正常、和谐的合作关系，协调一致地教育学生。在这个过程中，教师应该有足够的认识，与学生家长建立一种平等合作的教育伦理关系。

2. 社会分工要求教师与家长建立平等的社会伦理关系

由于社会分工不同，教师与家长虽然从事的工作性质不同，但都有自己的专业与专长。教师在与不同职业的家长沟通时，应该注意家长的工作性质，平等地对待不同职业的家长。随着我国人口中接受高等教育的比例快速上升以及人们对于教育的关注，很多家长的教育知识有了明显的提高，家庭教育质量不断提高，改变了教师在教育学生方面绝对的权威。同时，教师和学生家长都是社会劳动者，都具有一定的社会地位，人格上是平等的，不存在领导与被领导、支配与被支配的关系。可见，教师和家长在人格上是平等的。

(二) 教师与家长建立平等合作关系的特点与指导观念

教师与家长的平等合作关系，表现为社会地位的平等性、双方联系交往的互相尊重、双方在教育过程中的配合。教师与家长平等合作的关系具有以下特点：一是教师除了道德上的威望，对学生家长无任何权利可言；二是由于教育学生是教师必须承担的社会责任，教师要和所有的家长建立合理的伦理关系；三是在交往的过程中，教师要以主动协调的态度促进与家长的平等合作伦理关系。

学校和教师在家校关系上的指导观念是：建立以学校为指导、以家长为主体的双向合作关系，家长在家校关系中由被动转变为主动；发展教师与家长双向互动、相互学习的关系，教师在家校关系中由绝对权威转变为相对权威；家长与教师以学生（孩子）

的个体发展为教育目的,改变单纯从学校和教师出发要求家长配合的社会性目的。

二、尊重家长的人格

在与人的交往时应该尊重对方,这是对一般社会成员普遍的、起码的要求。学生家长是教师教育学生过程中不可缺少的合作者,更要求教师给予他们应有的尊重。这既是社会对教师的一般要求,也是教育伦理基于教育劳动的特点对教师的特殊要求。

(一)当教育过程中发生困难时,教师要耐心和克制

教师要与家长保持平等的关系,保证交流渠道的通畅。和学生家长一起研究教育学生的问题时,要用征求、商量的口气,一般来说,当对学生的教育活动比较顺利时,教师和学生家长发生矛盾的可能性比较小。当学生犯错误时,尤其是当学生反复犯同一错误或相似的错误,教育过程不是很顺利时,教师如果不注意自己的情绪,就很容易发生不尊重家长的言行,从而导致家长对老师心生怨意,甚至导致两者间的矛盾冲突。遇到这种情况,教师应注意:一要反思学生所犯的"错误"是一种错误,还是学生心理需求的自然表露,抑或是学生身心发展过程中的正常现象。二要探讨学生犯错误的原因,找准学生犯错误的原因,以便有效解决问题。三要端正对犯错误的对象,不应该迁怒于学生家长。

(二)教师要虚心听取学生家长的意见

教师虚心听取学生家长的意见,并对正确的意见积极采纳,是教师职业道德对教师的必然要求,也有利于教师教育教学质量的提高。一般地,家长能真实地反映学生在校外的情况,且家长也比较注意学生教育,教师要虚心耐心地听取家长的意见和建议。教师这样做,不仅不会影响教师在家长心目中的威信,反而会密切两者之间的关系。

（三）教师一视同仁地对待每一位家长，是教育公正的具体表现

教师在工作中不能抛弃任何一个学生，同样无权拒绝和任何一位家长的合作。教师应该主动协调和家长们的关系，充分发挥他们在教育学生活动中的作用和积极性。教师不但要与表现较好的学生家长沟通，更要与处于后进学生的家长建立良好的联系，以便更好地发挥合力作用，共同促使学生向好的方向发展。

三、形成良好的沟通习惯

（一）教师建立与家长良好沟通的要求

1. 熟悉家长特点，密切联系家长

面对职业、经历、社会地位与身份、文化程度等不同的家长，教师要进行研究，掌握因不同心理需求而形成的不同类型的家长特点，采取"因人而异"的交往方式。这需要教师在与家长的交往中，注意观察和分析家长的实际，进而有针对性地开展工作。这也是教师敬业精神的一种体现。同时，教师要保持与家长的联系，与家长建立情感，只要是学校布置的与学生切身利益相关的重大事项，都要及时地与家长取得联系，得到家长的理解，争取家长对老师工作的理解与支持。

2. 理解家长，倾听家长的意见

教师与家长交往，首先要以教育工作者的胸怀去理解家长对孩子的期望，去倾听家长在孩子教育问题上的建议或意见，从而奠定良好的交往基础。任何一位家长都由衷地希望自己的孩子在校学习努力，成绩优异，为将来步入社会积蓄竞争力量，对于家长的期望，教师应该予以充分理解。面对教育中可能会出现的各

种问题,教师要能站在家长的角度思考问题,认真倾听家长的意见,这是对家长的尊重和理解。只有做到这一步,让家长感到教师与自己的心是相通的,教师的所想所为是为孩子的前途考虑,才能逐渐与教师的想法达成共识,共同设计教育课程、帮助孩子提高成绩的方案,并找出教育的最佳途径,达到最好的教育效果。

3. 坚持主动交往,避免推卸责任

学生是社会人,他们的人格品质和行为习惯的形成过程离不开学校、家庭和社会对他们的影响。从这个意义上说,教师与家长的及时沟通,和家长建立并保持良好的合作关系,是培养学生良好品质,促进学生健康成长的一个重要因素。"坚持主动交往,避免推卸责任",既包含着教师在处理与家长关系中的主导性和教育学生的主要责任是学校、是教师,也包含着教师要主动帮助家长搞好家庭教育,并通过各种方式拓宽与家长沟通的渠道,使家、校密切配合,提高育人效果。

4. 在合作中共进取

教师所接触的是职业、身份不尽相同的家长,每个人都有可能在不同的方面给教育工作者以启发和帮助。因此,在强调家庭和学校教育力量整合、强化家长参与教育管理的形势下,主动与家长交往,共同探讨育人之道就显得尤为重要。教师要注意开动脑筋,讲究方法,要认识到每位家长都有自己独特的教育方式,集中起家长们的才智,树立起家庭教育的典范,在学校教育的过程中进行尝试,不仅对家长之间的相互学习有帮助,更可以为家庭、社会、学校三者结合的教育模式积累有益的经验。

(二)教师与家长沟通的途径

教师与学生家长的交往,既具有一般人际交往所应有的要素与功能,又不同于一般交往在相对固定的环境中进行。在与家长沟通的过程中,教师既要表现出强烈的责任感,也要注意拓宽沟通的正常渠道,从而达到最佳效果。有以下几个可供参考的方式。

1. 家访

家访是班主任了解学生成长环境的重要途径,也是查找学生问题行为原因的重要手段。学生的行为总是带有家庭的印记。为了实现学校和家庭教育的有效配合,应当有计划、有步骤地对学生家长进行访谈。

根据目的不同,家庭访谈可分为了解性家访、专题性家访、沟通性家访三种类型。了解性家访的任务主要是了解学生、家庭、家长等的基本情况。专题性家访是对少数学生的特殊问题采取的有针对性的家访,适用于有特殊表现或问题的学生,内容主要是向家长报告其子女的特殊表现或问题,商讨共同教育的方式方法。沟通性家访旨在与家长交换信息、增进感情,以取得家长的良好配合,适用于因学校、家庭彼此不了解而产生误解或分歧,造成配合欠佳的少数家庭。

2. 家长会

家长会是邀请家长配合学校教育的重要方式,是班主任广泛联系家长,与家长交流沟通,解决班级普遍性或专题性问题的重要途径。家长会一般由学校发起,班主任组织,在学期初、学期中、学期末举行,可邀请全体或部分家长参加。

根据会议的内容不同,家长会可以采取以下几种形式。

第一,教师报告式。

第二,经验交流式。

第三,学习成果展示或学习成绩汇报式。

第四,家长—老师恳谈式。

为了更好地调动和发挥家长在学生教育中的作用,有条件的还可以组织成立家长委员会。根据工作需要,在适当的时候召开家长委员会会议。

3. 书面交流、电话交流、网络平台交流

书面交流、电话交流、网络平台交流也是教师与家长常用的沟通方式,其中教师与家长的书面交流包括书信、通知、联络簿、考卷或成绩单等。不论采取哪种方式,教师都需要注意自己的沟通态度与沟通方式的适用程度,并做好沟通前的准备工作,进而提高沟通的效率。

(三)教师在与家长交往沟通中应注意的问题

1. 在交往中传递信任

教师要与家长携手共进,首先要打破传统的尊卑观念,从教育的新视角来理解、分析教师与学生家长的平等地位,从而认识家庭教育的重要性,并将这个观点在交往过程中渗透给家长,使他们直接感受到教师对其教育子女能力的信任以及他们的配合在孩子成长中的重要作用,这样便于调动家长参与教育的积极性。但在整个工作的过程中,要注意两个问题:一是不要过分依赖家长,貌似"充分信任",其实是典型的矛盾转移,推卸责任;二是要在信任家长的同时,冷静地思考家长所反映的信息,排除部分家长因心情或期望值过高而出现的极端情绪干扰。

2. 在沟通中展示真诚

教师的真诚在与家长交往中是任何其他方式所无法代替的。因此,教师在与家长的沟通过程中,无论是处理问题的方式还是交往中的说话方式,都要努力使家长感受到真诚以及从中渗透着的帮助孩子健康成长的良好愿望。这样会有助于激发家长的合作意识,双方共同努力,为孩子创造广阔的发展空间。

教师在与家长沟通中,要语言中显真诚,在处事中见真情。教师与家长沟通,要特别注意说话方式,既要坚持原则,不失教育工作者的身份,又要讲究说话艺术,在语言交流中显真情,努力营造温馨的"一家人"氛围。比如谈话时多用"咱",少用"你";多用

"您看",少用"我觉得";即使是对缺点突出、甚至严重违纪学生的家长,教师也要注意保持自己的风度和语言修养。当与这些家长面面相视时,开始的谈话要采取委婉的方式,从采取围绕中心但又相对开放的问题开始,以避免"单刀直入"的询问方式所引起的尴尬、紧张局面。这样做的结果是使家长减轻心理压力,在亲切、自然的谈话中缩小双方的距离,家长自然会主动配合、真诚而积极合作。事实证明:注意教师的语言艺术,真诚对待家长,才能充分调动家庭教育的内在潜能,真正形成教育力量的整合,使教育收到事半功倍的效果。

3. 教师把住道德关,不谋取私利

教育是用心灵去塑造心灵的工作,是一项帮助无知、幼稚的生命走向成熟,提高生命价值的事业。任何一点失职都有可能直接影响到学生的成长与发展。而教师在与家长交往中的所作所为,从某种意义上说,更能够进入学生的内心世界,作用会更大。所以,教师要以对学生高度负责的精神与家长交往,时刻提醒自己恪守教师的职业道德,保持交往关系的纯洁性,展现教师的人格尊严与人格魅力。只有这样,家长才会信任教师,才能形成教育合力。教师既不能利用家长的关系谋取个人私利,也不能被动接受家长的礼物,而是要态度明朗但又不失礼貌地婉拒。要向家长讲明老师与学生之间的纯真感情是建立在相互激励,帮助学生在学业、思想各个方面不断进步的基础上;教师与学生家长之间关系的建立又是以培养青少年茁壮成长为共同目标。任何与这一目标不相符合的因素都会使本来纯洁的关系失去其影响力。

四、教育学生尊重家长

教育学生尊敬家长,是搞好家庭教育的重要环节。大量教育事例表明:家庭教育的氛围对孩子发展的影响关系重大,而孩子只有尊重家长、理解家长的一片真心,或者说,家长在孩子心目中

享有很高的威信,才可能有成功的家庭教育。因此,教师有责任教育学生尊重家长,帮助家庭营造良好的家教氛围。所以,教育学生尊重家长,就成为对教师尤其是对班主任老师的一种要求。培养学生尊重家长的方式很多,通过邀请家长参与教育、教学管理以及各种活动是切实可行的好方法。

(一)通过多种类型教育,要求学生尊重家长

教师通过思想道德教育、传统文化教育、学科教育以及各类活动等多种类型的教育形式与内容,教育学生尊重家长的思想,使学生了解并发扬中华民族尊老爱幼的优秀品质,在日常生活中学会关心尊重家长、理解信任家长,共同创造和谐的发展空间。在帮助学生的同时,教师还要有意识地做好一部分家长的工作,随时提醒这些家长,要让孩子尊重自己,自己就必须是孩子值得尊重的榜样,一言一行都要给孩子以正确的示范。这样才能赢得孩子的信任与敬重,这也是家庭教育能够成功的基础。

(二)创造机会为家长树立威信

每一个学生的心灵深处都隐藏着一种情感:希望自己的家长能力和水平高于他人。在学校教育中创造机会满足他们的这种心理需求,是帮助家长树立威信的好时机。教育学生尊敬家长,就是帮助、启发他们认识和发现家长身上的优秀品质,使学生产生一种自豪感——为自己父母有如此值得尊敬的品质而自豪。

在教学中,我们曾遇到这样一件事:在一场别开生面的主题活动"献给母亲的爱"的班会中,甚至对自己的妈妈流露出"看不起"神情的他,聆听了妈妈充满真情的发言,心底油然而生的敬意使他对自己以前的所作所为产生了强烈的自责,从根本上扭转了以往对妈妈的态度。在后来他写的一篇题为"我为妈妈自豪"的作文中,大家读出了这位同学的心声。

(三)通过工作,缩短孩子与家长的心理距离

学生与家长之间,由于年龄的差别、时代的变化、所接受教育

的不同,生活条件有异,子女与父母之间在某些方面存在代沟是很正常的。关键的问题是要能够彼此理解和沟通。作为教师,还要通过教学与活动等各种方式,促进学生对家长的理解,增进其感情,以利于相互之间的沟通。只要教师认真去做疏导工作,加上高超的教育艺术,是会获得成功的。

(四)开展活动,使家长展示才华

教育教学离不开家长的支持与合作。作为教师,可以有意识、有目的、有计划地邀请家长参与相关的教育教学活动。一方面,可以对学校的教育、教学工作起到监督作用;另一方面,又是家长展示自己才华的机会。例如,邀请家长参加公开的听评课活动,组织学生到博物馆参观,请有专业特长的家长进行讲解,以展示他们的优势所在,请家长参加班级组织的一些大型集体活动,使不同家长的不同才华得以充分地体现出来,也使学生受到鼓舞,并由此产生佩服和信服之心。此外,结合学生的学习,可以请家长为学生举办不同领域的知识讲座,以扩大学生的知识面和兴趣面,也为孩子更全面地了解家长提供帮助。

培养、教育青少年成长的共同任务和目标使教师与家长之间产生了合作关系,要使这种关系不断地得到和谐发展,需要教师付出很多。这既是职业道德的要求,也是学生成长的需要。只要教师本着尊重、理解、信任的态度真诚地对待家长,同时注意掌握沟通的艺术,就能够达到合作的成功,给孩子创造最佳的发展环境。

第四节 教学工作中的师德

教学是学校永恒的主题和育人的主要途径。教学是促进教育全面发展、实现培养目标的重要形式。教师是教学中的主导者,承担着教书育人的重要任务。教师必须善于钻研、勤于进取、认真施教,才能提高教学质量。因此,社会对学校的教学工作必然赋予道德的意义,把教师严谨治学、教书育人的特征作为教师职业道德的规范和要求之一。

一、教学工作中的道德特性

教学是以传授知识为主要内容,培养技能和道德理论为主要目的的师生相互作用的活动。教学将"学知识"与"做人"结合统一,对促进学生的全面发展具有重要意义。因此,教学是智慧的、人道的活动,是凝聚了道德理想和人类文明的活动,有着明显的道德特征。

(一)教学活动是师生交互影响和作用的过程

作为教学的重要组成部分,教师和学生会在教学中充分地发挥自己的丰富性,并且在交流、感染的过程中相互影响、相互促进。

教学是教师的主导作用和学生的主体精神共同发挥的活动。教学以学生的特点、能力状况以及兴趣、爱好、动机、需要作为教学逻辑起点,创设有利于丰富学生经验系统的教学情境,激活学生的现有经验,在人类文化的广阔知识背景中建构学生的知识体系,发展学生的身心素质和潜在智力。在发展性知识教学活动中,要充分发挥学生的学习主动性和积极性,把人类积累的文化知识简洁迅速地转化为学生个人的精神财富。因此,教学总是在学生"想学"的基础上展开,教学总是有明确的目标和具体的内容,教学总是采用学生理解的方式来进行。关注学生的进步、发展,关注教学的效益,就成为教学道德性的两个主要特征。总体而言,通过教学活动,师生双方可以体悟到运用规律进行创造的"人的本质力量",发展自由创造的意志和能力。

(二)教学活动是真、善、美的体现

教学的使命就是向学生揭示人间的真、善、美,促进学生的

德、智、体、美的全面发展,培养学生自由创作的能力。教学的这一使命表明,教师所教授的各类课程都是人类文化的积淀,是集体智慧的结晶,教学的过程就是求真、向善、趋美的过程。

教学过程的求真,首先是指教学内容要具有科学性,要体现真理,要揭示事物客观的发展规律;其次是指教学活动要符合学生的认知规律,要采取符合科学认知活动的方法进行教学。

教学过程的向善,首先是指教师通过言传身教的方式对学生进行思想道德教育;其次是指教学内容要包含人格教育、情操教育和理想教育等,使教学具有教育性。

教学过程的趋美,是指教师要通过各种感性的形式,如清晰的声音、生动的表情、新颖的方式等,使教学生动形象,充满感染力。

(三)教学活动是情感互动的活动

教学的过程就是师生之间相互沟通、交流情感的过程。在教学的过程中,教师将自身所具备的教育信息传授给学生,学生作为独特的个体,也对教师的思想和行为产生着不同程度的影响。

教学过程中师生之间的心灵交流实际上体现了一种教育爱。教育爱的核心是教师对学生的爱,这是教师师德的重要体现,也是促进学生智力和情感发展的基本条件。教师对学生的爱是教学活动有效开展的前提。教学活动作为一种培养人的社会实践活动,其本身就是一次"情感"的旅行。教学是教师在爱的情感的支配下播种的爱的种子。挚爱情感使教学渠道更加畅通,使教学效能更加优化。师生间的爱是连接师生间心灵的一座桥梁。教师从内心深处产生一种悦纳学生的情感体验,爱学生之所爱,想学生之所想,对学生怀有诚挚的友善之情,才能赢得学生对教师的崇敬、信任和亲近。学生内心才会感到鼓舞,感到充实而愉快,激发出进取的精神。教师对学生的爱是教学最有力的手段,是推动学生进步的重要力量。教师对学生的爱是一种超越的情感,和父母对子女基于自然的血亲之爱有着根本的不同。它不求回报,饱含宽容、尊重和期待,体现了一种凝重的社会历史责任感。

二、教学活动中的道德意义

教学能够促进人的发展,延续人的生命。因此,教学作为人类的一种活动,在其教学理念上、方式手段上、程序途径上应该是合乎道德的,至少在道德上是可以接受的。教学活动能够体现教师的道德水平和境界,反映教师的良好素质。

(一)教学工作是帮助学生全面发展的途径

学生在教学活动中有着强烈的伦理追求和敏感的道德体验。他们热切希望课堂能洋溢清新的空气,学校能充满创造的活力,教师是可亲可敬的师长,学习能为他们的自由发展插上翅膀。教师要在教学活动中回应学生的伦理期待,在教学相长中和学生共同进行智慧与情感、人格与意志的激荡共振,完成铸造新人的教学理想。

1. 综合教育的结合

自古以来,人类都追求这样一种教育理想,即使人成为一个完善的人,使他的智力、体力、伦理等各个方面的素质综合起来,并得到发展。教学能够有目的、有计划地进行德育、智育、体育、美育等教育,促进学生在德、智、体、美等方面按预期的要求发展。而在这一教学过程中,教师能够激发学生学习知识、探究真理、陶冶情操的热情,能够激发学生自身全面发展的内在动力。

2. 激发学生的生命活力

学生正处在充满活力和潜力、多方面都需要发展和具有多种发展可能的重要时期。这时最需要珍爱生命,懂得生命的整体性和青少年时期对于生命的独特重要价值,并善于开发学生生命潜力的教师。能否激发学生的生命活力,取决于教师知识的多寡、能力的强弱,以及对待教学工作的态度、思想和情感状况。

教师要想在教学中激发学生的生命力,首先要发展学生健康的个性,发现学生的优点;其次要激发学生的学习热情,增强学生克服困难的勇气;最后要具有民主意识,要以开放的态度、合作的方式开展教学活动,为学生营造宽松的教学氛围。

3. 完善学生的道德人格

教学的目的是育人,育人的核心是塑造道德人格。通过教学,教师不仅要让学生系统地掌握科学文化知识,发展运用知识的能力,而且还要塑造学生的道德人格。对教师来说,如果希望自己的学生成长为有义务感和责任心的、善良而坚定的、温存而严格的、热爱美好事物而化解丑恶行为的真正公民,就应该真诚地教育他们、引导他们。

(二)教学工作态度体现教师的道德水平

"师者,所以传道、授业、解惑也。"也就是说,教师的职责有三方面内容,即以传道为主旨,授业为效果,解惑为手段。教师通过教育教学活动,培养全面发展的学生,为社会造就有用的人才。教师对待教学的态度与学校培养目标的实现和学生的健康成长有着密切的联系。因此,教师对待教学工作的态度是一个重要的职业道德问题。

随着社会的发展和教育的变革,教学模式有了较大的发展变化,对教师的知识素质和教学能力的要求越来越高,对提高基础教育教学质量的呼声也越来越高。但是,由于教学工作的自身特点和教师个人道德觉悟方面的问题,目前教学工作中还有一些不尽如人意的地方,具体如下所述。

(1)教师的业务素质跟不上越来越高的教学要求。在现代科技飞速发展、经济文化全球化发展的时代,教学过程不再是以往传统固定知识的过程,时代的发展要求教学过程要与时俱进,要具有创新性,更要求教师充分发挥自身才能去开启学生的心智,帮助学生掌握探求知识的方法。与迅猛发展的教育事业相比,教师现有的知识素质和能力水平一般有滞后的特点。如果教师不能以教育事业的根本利益为主，克服困难，积极进取，就会因教师知识陈旧、方法单一、观念落后而影响教学质量。

（2）教师的自律精神不足以支撑日益竞争的现代教学。教学工作是一项艰苦而又复杂的劳动。教师从备课、上课到批改作业、课后辅导，都需要高度自律的教育良心来支撑。外界常常难以用统一的硬性指标来衡量。如果教师教学责任心不强，得过且过，就会造成"课堂浪费"，降低教学质量，直接损害学生的切身利益。

（3）现在，学校教学中盛行"浮躁"之风，这是导致教学质量下降的重要原因。很多教师对严谨治学、勤于进取的教学态度嗤之以鼻，不再追求永恒的价值，而只关心现实的利益，从而导致教学质量的下降。要想做好教学工作，教师必须提高自律性，抵制外部诱惑，勤于反思，提高教学责任感和教学能力，提升道德素质。

（三）做好教学工作是教师素质的展现

美国学者柯林·博尔曾指出，人应该具有三个方面的造诣和素质准备：一是学术性的，二是职业性的，三是事业心和进取精神。对教师而言，学术性的素质就是科学文化知识；职业性的素质就是某一领域的专业知识以及从事教学活动必备的知识和能力；第三方面则是教师的思想道德素质。学术性素质和职业性素质一起构成了教师的业务素质。教师的业务素质和思想道德素质在其整体素质结构中占据重要地位。这是因为，教师的业务、思想道德素质和教学活动有着直接的相关性。没有工作本领就不能做好工作，没有特定的专业素质就不可能顺利完成教学任务，尤其是专业性很强的学科教学工作。而且，课堂教学质量的好坏，学生素质发展水平的高低，在教学的其他条件基本相同的条件下，最终是由教师的业务素质和思想道德素质所决定的。

知识经济是一种"学习型"和"知识型"经济，迫切地需要大量创造性的知识。这种知识不再仅仅是客观化的、明晰化的、

"真理"化的知识。人和知识之间的互动关系越来越密切,人在知识中的作用越来越强,人对知识的解释也会不断地扩展、升华。因此,教科书不再仅仅是物化的知识体系,教学过程也不再只是传授固定化的、结构化的知识的过程。教师的教学不再仅仅强调传递知识的数量,而是更加关注学生在掌握知识后究竟获得了多大的发展。

第七章 教师职业道德的培养

教师职业道德是教师在社会的要求和影响下,通过学习、体验、修养和实践等方式,认同、内化或创设的在教育工作中处理各种关系的道德准则和规范。教师作为知识的主要传授者,通过与学生之间的互动、交流,其一言一行将直接影响学生的思想。因此,做好教师职业道德培养的工作已经成为新时代师资建设的重要工作之一。本章主要针对教师职业道德的培养展开分析。

第一节 培养教师的职业道德品质

教师的道德品质是指教师在自己的职业活动领域,通过一系列的道德行为所表现出来的比较稳定的、一贯的特征和倾向。它是一定社会的教师道德原则和规范在教师个人行为中的体现,反映着教师的道德觉悟水平、道德境界和道德修养状况。教师的道德品质如何,不仅对教师的一生具有重要意义,对其所从事的教育教学工作更有着不可低估的影响。教师的职业道德品质,是在社会的道德需要和熏陶下逐步形成的,因此,注重培养教师的职业道德品质是加强教师职业道德建设的重要举措,在教师职业道德实践中具有重要的意义。

一、教师职业道德品质结构

教师的职业道德品质是由教师的职业道德认知、职业道德情感、职业道德意志和职业道德行为构成的,是教师内在的职业心理品质的知、情、意、行诸要素的辩证发展过程。教师职业道德品质培养的基本任务就是提高教师的职业道德认知,陶冶职业道德情感,磨练职业道德意志,养成良好的职业道德习惯。

(一)教师职业道德认知

教师职业道德的认知过程包含着三个相互联系和衔接的转化层次:其一是把外界教育和引导提供的各种刺激信息,即教师职业道德规范转化为个体的心理因素;其二是教师在大脑中将储存的诸心理因素通过联想、比较和选择,进行分析和概括,转化为理性观念;其三是用这些理性观念指导行为,为观念转化为行为做好准备。因此,要深化教师的职业道德认知,就要做好以下三个方面的工作。

首先,引导教师完整、准确地理解教师职业道德规范,明确教师在教育活动中应遵循的职业道德要求,认识遵循这些规范、要求的道德意义,这是教师形成道德评价能力、践行正确教育行为的前提。比如,当学生上课不认真听讲,教师用何种方法对待学生,是居高临下的严厉指责;是反躬自省,从自身探寻原因;还是循循善诱,和学生做有效的沟通。教师采取的不同做法,直接取决于教师对职业道德规范的认识程度和理解深度。所以说,教师对职业道德认识正确与否,决定了其在教学中采用什么样的教育方法和教育行为。

其次,提高教师的道德判断能力。教师的道德判断能力,是指教师用学习和掌握的道德规范对自己、他人及社会所存在的客观现象做出是非、善恶、荣辱的分辨、判断和评价。教师的是非观念、辨别能力如何,均与教师的道德认识水平和生活经验的积累密切相关。特别是在市场经济条件下,在社会多元价值取向面前,教师的道德判断能力尤为重要。只有在教育教学活动中,不断培养、训练教师的道德判断和道德选择的能力,为教师提供正确的教育行为模式和道德行为典范,分析、批判不良的教育行为表现,才能使教师在教育活动中做到明是非、识真伪、分善恶、辨美丑、知对错,从而为形成良好的教师职业道德奠定基础。

最后,强化教师职业信念的形成。教师的职业道德信念对于其提高道德的认知和践行正确的教育行为都具有较大的动力作用。信念是人赖以奋斗的精神支柱,对人的行为具有巨大的推动作用。教师的职业信念是教师在职业道德认知和职业道德实践活动中逐步确立的,离开了道德信念,人们就不可能自觉地、深刻地认识事物,判断是非;就不可能坚持真理、捍卫信仰。因此,教师的职业道德信念对于其职业道德品质的形成具有重要作用。

(二)教师职业道德情感

教师的道德情感,是教师在道德情感实践活动中与教师的道德需要相联系的情感体验。教师对师德要求有了认识,但并不一定能够真心实意地按照要求履行其应尽的道德义务,这里有一个情感问题。在从事教育活动的过程中,没有道德情感的教师,即使凭"理智"去做了教师工作,他也是显得很被动,很勉强,甚至会对教学中好的、应该做的爱不起来,认识到错误的、不应该的恨不起来。

苏霍姆林斯基指出:"情感——这就是道德信念、原则性和精神力量的血肉的心脏;没有情感,道德就会变成只能养成伪君子的枯燥无味的语言。"教师对自身工作意义的认识,对教师工作价值的评价,对教学工作态度,对学生的态度,都会同他自身的道德情感息息相关。而且,由于青少年的可塑性极强,教师的职业道德情感必然会在学生身上有所反映,并引起道德情感上的连锁传递。因此,教师培养、陶冶爱憎分明的道德情感就显得十分重要。高尚的道德情感对教师的行为有巨大的推动、控制和调节作用,是一种自我监督的力量,它可以使教师保持良好的行为,并避免行为过失。

由于道德情感容易受主观因素的影响产生波动,而不像道德认识那样,理解就能及时产生效果。因此,教师道德情感的陶冶需要花费更多的时间,付出更大的努力。不但要依靠教师的理性认知,而且更要依靠教师在职业生涯中的长期磨练和培养。

(三)教师职业道德意志

教师职业道德意志的内在动力是其职业道德信念,职业道德认知和职业道德情感。教师只有对社会要求的职业道德规范认识得越深刻,感情越强烈,他所确定的行为目标就越高尚,也才有可能在行为中表现出锲而不舍的精神和坚定、果断、勇敢、顽强、百折不挠的品质。因此,教师职业道德意志是教师的意志过程在职业品德上的反映。

教师在履行职业道德所规定的各种义务时,并不是一帆风顺的,会遇到各种各样的困难或阻力,这些困难或阻力既有来自客观上的,如社会上错误舆论的导向、不正确的传统观念、家人的误解、学生及家长的责难等;也有来自主观上的原因,如面对社会上纷繁的诱惑,会在个人利害得失上,在个人需要与工作需要发生矛盾时,出现个人欲念的冲突,导致心理失衡,干扰教育行为,等等。一旦出现这种情况,如果没有坚毅顽强的道德意志,就可能在教师的道德行为上出现偏差。

"北京市十大杰出青年"——特级教师张思明老师,在多次面临留在国外挣钱或进入教育科研单位带来地位升迁等机会和诱惑时,坚定地选择了教育事业。他说:"我现在有着实实在在的工作和事业,虽然它如此平凡,毫不显赫,但它却能给我人生的各种体验。给我看得见、摸得着的成果,让我有发挥才能的舞台和机会。"正是因为他的坚定意志,所以在同事和学生心里,他是一个有着很高师德境界的人。因此,教师职业道德意志的作用主要表现在以下两个方面。

首先,使教师能够做出正确的价值判断,用理智战胜欲望,防止错误行为的发生;

其次,使教师有勇气和决心排除来自主客观方面的干扰和障碍,持之以恒。因此,培养、磨练教师的道德意志是至关重要的。

(四)教师职业道德行为

教师职业道德行为,是教师在一定的职业道德认知、情感、意志的支配下所采取的对他人或社会具有一定道德意义的教育行动。这种实际行动既是教师职业道德面貌的反映和教师职业道德品质的外在表现,也是衡量教师职业道德品质优劣的重要标志。教师的职业道德行为在其职业品质结构中具有重要意义。

总之,教师道德认识、道德情感、道德意志以及道德行为是构成教师职业道德品质的基本要素,各个要素之间既有联系又有区别,并相互作用、相互促进,不可偏废任何一个方面。

二、教师职业道德品质的培养途径

就当前来说,教师职业道德品质培养的途径主要有教育研习、教育见习和教育实习三种。

(一)教育研习

所谓教育研习,就是"教师在其整个培养过程中对他人或自己的教学实践行动所进行的研究"。教育研习不是一蹴而就的,需要长期付出努力。

1. 教育研习的重要性

教育研习的重要性,主要是通过以下两个方面表现出来的。

(1)能够促进师范生的专业化发展。教育研习是一项具有很强的实践性和研究性的活动,能够在很大程度上促进师范生的专业化发展。具体来看,教育研习对师范生专业化发展的促进作用主要表现在以下两个方面。

第一,教育研习有助于师范生拓宽自己的知识面,并进一步加深对所学理论知识的理解。

第二,教育研习有助于师范生提高自己的反思能力和研究能力。

第三,教育研习有助于师范生教育实践能力的提高。

第四,教育研习有助于培养师范生的社会交往能力。

(2)能够促进教师职前教育课程体系的完善。在教师职前教育课程中增设能够使教师职前理论教学与实践教学有机地融合在一起的教育研习,能够在一定程度上改变教师职前教育课程中理论教学占据主导地位、实践课程的总量偏低的问题,从而促使教师职前教育课程得到一定的完善。

2. 教育研习的特征

教育研习与教育见习、教育实习相比,有着自身鲜明的特征,具体表现在以下两个方面。

(1)连续性。教育研习的连续性特征指的是教育研习会贯穿师范生整个受教育的过程,而不是仅仅存在于某一教育阶段。

(2)关联性。教育研习的关联性特征指的是教育研习活动的开展情况将直接影响师范生的综合素质,并在很大程度上决定着师范生是否具备成为研究型教师的潜能。

3. 教育研习的任务

教育研习的任务,具体来说有以下几个方面。

第一,引导师范生对中小学的教育教学工作进行全面、深入的了解,包括中小学教育教学工作的主要环节,中小学新课程改革的目标、内容与最新动态等。

第二,培养师范生初步的教育科研能力,包括懂得使用教育科研的方法、掌握教学研究的一般程序和规范、能够在教师指导下开展一些初步的教育教学课题研究等。

第三,丰富和完善师范生要成为合格的教师必须具备的理论性知识和实践性知识。

第四,促进师范生教育教学实践能力的不断提升。

4. 教育研习的内容

教育研习涉及的内容有很多,其中较为重要的有以下几个方面。

第一,研习新课程标准,包括新课程标准的意义、基本结构、功能、内容、与教材之间的关系等。

第二,研习新课程标准的教材,包括新教材的特点、结构、内容以及版本等。

第三,研习课堂教学技能,包括课程开发技能、讲解技能、提问技能、学习指导技能、教学评价技能、人际交往技能、课堂管理技能、教学设计技能等。

第四,研习教育科研方法,主要包括两方面的内容:一是如何对课题进行研究;二是如何撰写研究报告。

第五,研习班队工作技能,即在对中小学生的年龄特点以及班队工作理念进行充分了解与准确把握的基础上,通过参与现实的或模仿的班队活动,获得与班队工作相关的技能。

第六,研习教育热点问题,要在对教育热点问题进行深入分析的基础上,找出原因并尝试提出解决的策略。

5. 教育研习的方法

教育研习的方法有很多,大致来说可以分为以下几类。

第一,专题研究法,即师范生按照学校的统一要求,结合自己的兴趣爱好,对有关的教育理论和实践问题进行专题式的研究,在研究的过程中掌握解决问题的方法,形成正确的教育观念,从而为教育实践提供理论的支撑。文献研究法、观察研究法、调查研究法等都是进行专题研究时比较常用的研究方法。

第二,教育实验法,即教育研究人员根据研究目的,选择研究对象,主动操纵试验条件,人为地创设或改变教育条件,控制其他因素的作用,观察、测量试验对象的变化,揭示教育现象之间的因果关系的一种科学研究方法。

(二)教育见习

教育见习是高等师范院校各专业培养方案的重要组成内容,是理论联系实际的过程。对于师范生而言,教育见习是其形成实践性知识的至关重要的一环。因此,在开展教师职前教育实践时,教育见习也是不可忽视的一个方面。

1. 教育见习的重要性

对于师范生而言,参与教育见习有着十分重要的意义,具体表现在以下几个方面。

(1)能够帮助师范生更好地学习和理解知识。对于师范生来说,教育见习仍然是一个学习和理解知识的过程。在这一过程中,师范生通过听、看、问、想、做等途径,能够对教育教学规律、教育教学工作、班主任工作等有进一步的理解,便能够将所学的理论知识与实际的教育教学结合起来,在认识上经历一个从理论到实践,再从实践到理论的过程,从而为今后的教育教学工作奠定知识基础。

(2)能够帮助师范生提高自己的教育教学能力。教师是一个特殊的专业,除了要具备扎实的基础知识,还应具备良好的教育教学能力。而师范生在参与教育见习的过程中,其教育教学能力能够得到不断提高。具体来看,师范生在教育见习过程中,通过与指导教师、学生等的互动,可以对自己的学科专业知识、教学技能与教育能力等进行检验,从而发现自己的教育教学能力与合格教师的差距,并积极进行改善。如此一来,师范生的教育教学能力就能得到不断提高。

(3)能够帮助师范生坚定职业理想。师范生在参与教育见习活动时,能够感受到师德的魅力以及教师的敬业精神,这有助于其重视自身教师职业道德的养成。在此基础上,师范生便能明确自身所应承担的社会责任,从而坚定自己的职业理想。

2. 教育见习的任务

教育见习的任务,具体来说有以下几个方面。

第一,引导师范生对教学工作形成明确的认知,这对于师范生教育教学能力的提升具有重要的作用。

第二,帮助师范生积累班级管理工作的经验,这对于师范生积累全面的教育教学经验具有重要作用。

第三,引导师范生了解教师专业发展的途径,这有助于师范生初步了解其日后将要从事的职业的基本发展空间和途径,从而更加坚定从事教师专业的信心。

第四,帮助师范生了解现代教育技术与方法(如微格教学等)在实际教育教学中的应用,从而确保师范生的教育教学方法与手段等紧跟时代发展的趋势,推动教育教学不断取得良好的成效。

第五,帮助师范生拓展专业知识的应用渠道,加强对教育理论的学习,从而为接下来的教育实习做好准备。

3. 教育见习的内容

教育见习涉及的内容有很多,其中较为重要的有以下几个方面。

(1)教学工作见习。在教育见习中,教学工作见习可以说是最为重要的一项内容。因此,师范生在参与教育见习时,应将大量的时间用于见习教学工作之中。教学工作见习的内容,具体来说有以下几个方面。

①见习任课教师的备课。一堂课的开展情况,与教师的备课情况有着十分密切的关系。因此,师范生在参与教学工作见习时,必须重视见习任课教师的备课。在这一过程中,师范生应特别注意以下几个方面。

第一,观察任课教师是如何研究课程标准,如何体现课程标准作为最低教学要求的作用,如何贯彻课程标准所规定的课程性质、基本理念、评价原则等要求的。

第二,观察任课教师是如何研究教材,并在教材研究的基础上合理确定教学目标、教学方法、教学重点难点,合理开发与利用教学资源的。

第三,观察任课教师是如何对学情进行了解的,以及了解学情的过程中应注意哪些问题。

第四,观察任课教师是如何编写教案来引导学生有效学习的。

②见习任课教师的教学设计。教学设计指的是教师为达成一定教学目标,对教学活动进行的系统规划、安排与决策。师范生在参与教学工作见习时,任课教师的教学设计也是一项重要的内容。而师范生在见习任课教师的教学设计时,应特别注意以下几个方面。

第一,见习任课教师是如何在综合考虑教学的各种影响因素的基础上对教学目标进行设计的。

第二,见习任课教师是如何对重视培养学生的独立思考和发展能力的教学过程进行设计的。

第三,见习任课教师是如何依据教学、学生以及自身的实际状况对教学策略进行设计的。

第四,见习任课教师是如何对教学原则(如直观性原则、系统性原则、教师主导作用和学生主体作用相统一原则等)进行贯彻的。

第五,见习任课教师是如何以教学内容为依据对教学方法进行设计的。

③见习任课教师是如何在课堂教学中实践现代课堂教学基本理念的。这里所说的现代课堂教学基本理念,就是强调教学着眼于学生的成长和可持续发展的理念。其主要包括三个方面的内容:一是以学生发展为本位的教育价值观;二是注重学生全面发展,同时承认学生间存在个体差异的教学过程观;三是着眼于学生成长的教学质量观。

师范生在参与教学工作见习时,要学习任课教师的教育行为、教育措施是如何落实现代课堂教学的基本理念的,体会任课教师在进行课堂教学时所使用的语言、所设计的教学措施、所安排的教学环节等方面对现代教学理念的贯彻情况。

④见习任课教师是如何使用教学方法的。这里说的教学方法,包括讲授法、谈话法、讨论法、读书指导法、演示法、发现法、自主探究法等。师范生在参与教学工作见习时,要学习任课教师是如何综合考量教学的影响因素而选择最为恰当的教学方法并将其有效贯彻到教学过程之中的。

⑤见习任课教师是如何运用教学技能和教学技巧的。教学技能对于教师来讲是教师应有的基本功,而教学技巧的使用对于教师来讲同样也是极为重要的。因此,师范生在参与教学工作见习时,也要注意见习任课教师是如何运用教学技能和教学技巧的。

⑥见习任课教师是如何规范教学礼仪的。教学礼仪就是以教师个人礼仪为支点,以关心、尊重学生为核心,来建构一种和谐的教学氛围,以此激发学生的积极性、创造性。因此,师范生在参与教学工作见习时,任课教师的教学礼仪也是一项重要的见习内容,包括任课教师的课前礼仪、任课教师的教学对话礼仪、任课教师的教学体态语等。

(2)班主任工作见习。师范生在参与班主任工作见习时,应特别注意以下几方面的内容。

第一,师范生要明确班主任是如何进行班级建设、制度建设和班级日常管理的。

第二,师范生要观察和分析班主任工作的基本方法及其最终的成效。

第三,师范生要尽可能地接触学生,了解学生对班主任工作方法的看法,并将自己的观察和学生的看法结合起来,整理出自己的心得体会。

第四,师范生要深入体会做班主任所需要的知识和人格修养等。

第五,师范生要了解和把握成为一名合格的班主任应具有的形象和行为标准。

(3)教研活动见习。教研活动是教师专业发展必不可少的一个环节,也是学校中教师日常活动的重要组成部分。师范生通过参与教研活动见习,可以了解当下教育实践中任课教师对一些现代教育理论新观点的理解程度,从而使自己能够从新的视角对教育实践背后的教育理论进行重新了解。具体来说,师范生在参与教研活动见习时,应特别注意以下几方面的内容。

第一,见习教研组是如何组织教师学习课程标准、研究教材的。

第二,见习教研组是如何开展教学专题研究活动和经验交流的。

第三,见习教研组是如何进行校本课程开发和校本教研的。

4. 教育见习的准备

师范生在参与教育见习时,要想取得良好的成效,必须做好多方面的准备工作,具体内容如下。

第一,组织准备。该项准备主要包括以下几方面的内容:一是成立强有力的教育见习领导组织;二是选择稳固、适宜的教育见习基地;三是制定科学、合理的教育见习条例与工作计划。

第二,思想准备。该项准备主要包括以下几方面的内容:一是明确参加教育见习的目的以及见习的内容;二是明确是否已经为教育见习做好了准备,以及是否制订了个人见习计划;三是明确如何将自己所学的知识应用到教育见习之中;四是明确要成功地完成教育见习自己应该主动做些什么。

第三,学识准备。师范生在见习前,应根据专业特点和见习学校具体情况,要做好相应的学识准备。

第四,物质准备。见习前的物质准备,要在指导教师的指导下,根据小组、个人和见习学校的实际需要,有目的、有重点地进行,并尽可能做到少而精、少而全和"物尽其力"。准备工作力求发扬集体协作精神,相互帮助,相互配合,对原有物质基础较差的同学,应重点帮助,消除他们的思想顾虑,增强其信心。

(三)教育实习

教育实习是师范教育的有机组成部分,是培养合格师资、贯彻理论联系实际原则、实现师范学校的人才培养目标不可缺少的重要教学环节。因此,在开展教师职前教育实践时,必须重视教育实习。

1. 教育实习的重要性

对于师范生而言,参与教育实习有着十分重要的意义,具体表现在以下几个方面。

(1)能够促进师范生坚持教师职业理想。师范生的教师职业理想,会在很大程度上影响其如何看待教师职业。因此,十分有必要帮助师范生形成正确的教师职业理想。

教育实习是对师范生的教师职业理想进行巩固的一个有效途径。具体来看,师范生在参与教育实习的过程中,能够真实地感受教师职业,明确自身承担的重任,从而产生献身教育事业的使命感。如此一来,师范生在未来走上教师岗位后,就能够高度认同这一职业,并切实承担起这一职业的使命。

(2)能够帮助师范生巩固所学的理论知识。对于师范生来说,教育实习是一种重要的学习途径。在教育实习过程中,师范生能够将理论学习过渡到具体实践,并在理论知识的应用中拓展、加深对理论的认识。

(3)能够提高师范生从事教育教学的独立工作能力。教育实习能够提高师范生从事教育教学的独立工作能力,这主要是通过以下几个方面表现出来的。

第一,教育实习能够帮助师范生积累教育教学的经验。

第二,教育实习能够帮助师范生培养自己的团队意识和团队合作能力,使师范生学会如何与其他教师相处。

第三,教育实习是能够帮助师范生学会处理各种关系的基本方法,这对于教育教学活动的顺利开展也有重要作用。

(4)能够帮助师范生完善自己的教育教学技能。教育实习过程是对实习师范生教育教学技能与能力的一次检测,实习师范生从中可以发现自己在技能方面的不足,并有针对性地进行完善。如此一来,师范生在真正走上教师岗位后,便能更好地开展教育教学活动。

(5)能够促进师范生教育研究能力的提高。一个合格的教师,除必须具备良好的教育教学工作能力,还必须具备教育教学研究的能力。对于师范生来说,教育实习是其提高自身教育研究能力的一个重要途径。在教育实习过程中,完全有条件开展教育调查并进行研究整理,撰写出具有一定水平的调查报告和教研论文,以此提高自己的教育教学研究能力。

2. 教育实习的目的

教育实习是师范生必经的实践教学环节,而且通过教育实习应实现以下目的。

第一,帮助师范生依据课程标准,运用专业知识与技能开展学科教学,并在教学中巩固、丰富专业知识与技能。

第二,帮助师范生理解、掌握不同阶段教育对象的身心发展特点,积累班级管理的实践经验。

第三,帮助师范生提高自己教育教学的综合能力,包括从事教育和教学的独立工作能力、发现和研究教育教学问题的能力、处理学生冲突的能力、沟通交流的能力、教学反思的能力等。

第四,帮助师范生获得正确的教师职业发展道路的相关知识。

第五,帮助师范生形成良好的教师职业道德与责任心,使其真正热爱教育教学工作,热爱学生。

3. 教育实习的任务

教育实习的目的是要通过这种学习方式来增长师范生的实

践性知识,丰富他们的教育教学经验,完善他们的专业知识结构,为他们在专业发展的道路上奠定扎实的基础。为实现这一目的,教育实习为师范生设定了以下几项任务。

(1)教学工作实习。教学实习是教育实习的核心,主要包括以下几方面的内容。

第一,备课实习。师范生在参与备课实习时,应在指导教师和原任课教师指导下,认真细致地钻研课程标准与教材;应全面、客观地了解学生;应以教材内容和学生特点为依据,编制科学的教案或教学设计;应在课前进行试讲,以保证课堂教学的顺利进行以及课堂教学的质量。

第二,上课实习。师范生在参与上课实习时,应认真做好上课前的一切准备工作,包括教学用具准备和精神准备;应尽可能多上课,既要在老师的指导下上课,也要尝试独立上课;应尝试用不同的课型开展课堂教学活动;应做好课堂教学组织工作;应综合运用各种教学技能进行课堂教学;等等。

第三,听评课实习。师范生在参与听评课实习时,应认真听实习学校老师的课,尤其是原任课指导老师的课,并积极参加课后的评课研究活动,以发现自己教学中存在的问题并进行纠正,从而切实提高自己的教学水平。

第四,作业、考试与辅导实习。在开展这些实习活动中,师范生应精心选择并设计课内外作业、认真布置和批改作业、做好作业讲评工作、有针对性地对学生进行辅导、协助实习学校教师做好评阅试卷工作等。

(2)班主任工作实习。师范生在参与班主任工作实习时,应特别注意以下几个方面。

第一,要了解班主任在学校工作中的地位和作用。

第二,要熟悉班主任工作的基本内容和特点。

第三,要掌握班主任工作的科学方法。

第四,要学会正确履行班主任的职责。

第五,要学会独立开展班主任工作。

（3）教育教学调查与研究实习。教育教学调查与研究实习，也是开展师范生教育实习的一项重要任务。因此，师范生在搞好教学和班主任工作的同时，应安排一定的时间进行教育教学调查研究，锻炼调查研究和教育科研能力。

4. 教育实习的准备

师范生在参与教育实习时，要想取得良好的成效，必须做好多方面的准备工作，具体内容如下。

第一，物质准备，其应在充分了解实习学校的基础上进行，由于教育实习通常安排在秋季学期，因此实习师范生应该准备好过冬的衣物与床上用品。如果实习学校不能提供电脑，建议实习师范生带上电脑，以方便备课和查找资料。如果没有网络，找资料不太方便，则建议尽量多带参考资料。关于日常用品，可以到实习地购买，以减少行李搬放的麻烦。

第二，思想准备，包括充分认识教育实习的意义，充分认识学生与老师的双重角色，树立团队意识，形成守时、守信、守纪、守法的良好习惯，做好吃苦耐劳的准备等。

第三，教学工作准备，包括与备课有关的知识准备、与教学有关的技能准备以及校内试讲准备。

第四，班主任工作准备，主要包括学会与人沟通、掌握班主任工作所需的知识与方法两个方面。

第二节 进行教师的职业道德教育

教师职业道德教育是一个长期的、缓慢的过程，在这一过程中不仅离不开教师自身的主动学习，而且离不开相关部门的大力配合。如上所述，教师职业道德涉及很多因素，其教育过程自然也可以通过多种途径展开。本节就对教师职业道德教育的开展进行详细阐述。具体而言，可通过以下几种途径进行教师的职业道德教育。

第七章 教师职业道德的培养

一、建立合理有序的教学培训

教学能力的发展是一个长期的过程,在经由各种学位课程为教学能力发展做了基础性的铺垫之后,合理有序的组织培训就成为教师教学能力持续成长和不断发展的外部推动力量。组织培训是由上级主管部门、学校或院系主持承担,为提高教师的职业适应性和工作有效性,有组织地对教师采取的培训活动。组织培训应秉承精细设计和有效实施策略,为教师教育者提供符合个别需要的实际帮助。组织培训主要有针对初任教师教育者的入职培训和针对在岗教师教育者的职后培训两种。

(1)入职培训又称岗前培训,其第一个任务是厘清认识。可以通过讲座、座谈、示范教学等形式与初任教师教育者深度交流,使初任教师充分认识到自身作为一名教师教育者所承担的职责以及完成这些职责应具备的能力,特别是在教学能力方面的特殊需求。第二个任务是精心设计培训内容,在培训中贯穿对教师教育者所需各种教学能力的要求,为后续能力发展打下良好基础。怎样开展教学活动固然是培训的重点,但是如何在教学中开展研究、建立起反思和创新教学的意识、如何通过教学引领学习者的教学发展也是培训设计中必须注意到的问题。第三个任务是重视经验衔接,为融通教师教育与基础教育经验做准备。虽然这不是一蹴而就的事情,但应在入职培训中就开始有意识地树立这样的意识和态度。

(2)在职后培训方面,教师教育者的职后培训是一个长期的过程,奉行的基本策略是常规化。常规化是针对目前职后培训随机性强、指向性不明显等问题提出来的,它不是简单地重复培训内容,而是制度性地以提高和促进为目的,针对不同的能力发展要求展开的培训活动。

教师教育者的教学能力要求是多种多样的,有些可以随着教学实践经验的不断积累而有所增长和提高,有些则需要在自我发展的基础上由外部力量促动和帮助,如组织与基础教育教师的座谈、进入中小学课堂观摩教学、搭建合作平台等培训方式等。在职后培训常规化的同时,有两个问题需要特别关注。

第一,要侧重对青年教师教育者的培训,也不能忽视资深教师教育者的继续提高。

第二,职后培训对没有师范学习经历的教师教育者要给予特别关注。正规的师范教育学习经历会对教师的教学产生一定影响,而没有经历过师范教育的人从事教育工作,其教育学、心理学知识以及处理教育上实际问题的能力与受过正规师范教育的人还是有很大差距的。因此,要特别关注没有经历过师范教育的人,这种关注应该是全方位的,而不是仅仅多提供一些教育学、心理学的理论学习课时。

二、常设教学辅助与发展机构

学校常设的教学辅助与发展机构有针对性地促进教师教学专业化发展,既是把组织培训工作落在实处的具体举措,更是使教师教学能力发展常态化、长期化的重要保证。教师教学发展中心的特点是以专业化措施、手段促进教师专业化的发展。良好运行的教学能力发展中心会配置一系列的专业培训人员、专门的培训设备和场所、精心设计的针对性培训计划以及方便互动的交流平台,这一切都为教师教育者的教学能力提升提供了便利条件。

目前,在学校设立的教学辅助与发展机构中,最有代表性和引人注目的是设置专业的教学中心或教学发展中心。这一做法是由美国率先提出的,影响较大、发展较为成熟的有美国哈佛大学、密西根州立大学的教学与学习中心、加州大学伯克利分校的教学与资源中心等。这些中心虽然名称有别,但功能定位基本是一致的,都以提高教师的教学能力、促进能力发展为目标。在我国,设立专门的教学能力发展中心也是大势所趋。

三、建立多方参与发展共同体

改善和提高教师教育者的教学能力,建立多方参与的发展共同体是值得关注的应对策略。合作的特点是可以聚合资源、交汇思想,在相互支持的基础上利于问题的解决。共同体是相对稳定的合作体系,有助于提高合作的效能并保持一定时期的合作稳定性。共同体强调知识分享、动态学习,具有促进个人和组织发展的作用,非常好地契合了教师教育者教学能力发展的需要。

第一,不同或相同领域的教师由共同的研究和学习愿景聚合在一起成为共同体的成员,其构成往往是多样的、有差异的,彼此间可以取长补短、优势互补。同时,共同的问题解决过程,也是资深的有经验的教师教育者对有发展需要的同侪提供直接或间接的指导和帮助的过程。

第二,教师教育者需要有"融通学科及相关知识的能力",共同体搭建维系了发展的平台,共同体成员间的学科差异就是发展的资源。

四、明晰主体认识与用户需求

当然,提高教师教育者教学能力仅靠外部促动是不够的,还必须重视以激发发展动机、提高自我发展意识为目的的内在提升策略。在教师教育者教学能力的发展问题上,主体发展的需求和意识至关重要。而这又根植于教师教育者对自身职业角色的正确认识以及明晰教师教育用户需求的基础之上。

在教学能力提升方面,教师教育者还需要了解和关注用户需求,教师教育用户的需要和期待是教师教育者教学能力发展的起点和方向。教师教育为基础教育培养师资,基础教育即为教师教育的服务对象和用户。其中,中小学校为集体用户,而每个教师学习者即为个体用户。从集体用户角度讲,需要教师教育培养熟悉教学改革要求,能够实施有效教学的有效教师;从个人用户角度讲,希望通过学习能胜任教学工作并具备良好的个人专业发展能力和基础。这就是对教师教育的要求。了解用户需求可以促使教师教育者明确教学能力的发展方向,检视自身能力的不足,激发能力发展的内在动机,从而实现更好的发展。

第三节 重视教师职业道德修养

教师职业道德修养必须引起足够的重视,因为教师职业道德关系到国家整个教育效果的高低。从目前来看,我国关于教师职业道德修养的提升已经形成了成熟的提升机制。本节就从职前实践、职后教育以及文化路径三个层面来研究教师职业道德修养的提升。

一、提升教师职业道德修养的职前实践路径

师范生是未来的人民教师,他们的综合素质如何,既关系到自身的生存与发展,也关系到我国未来教育的质量与水平,还关系到整个国家的整体素质以及现代化建设的进程。因此,必须重视对师范生的职前教育,提升教育实践的质量。而要提升教育实践的质量,必须加强稳固的教育实践基地的建设。

(一)教师职前教育实践基地选择的原则

教师职前教育实践基地不是一般的实践场所,而是师范生接受锻炼、运用知识、获取知识、培养能力、提高各方面素质的场所。这就决定了师范院校在选择职前教育实践基地时,必须慎重对待、统筹考虑,以确保职前教育实践质量能够得到保证和提高。师范院校在选择职前教育实践基地时需要遵循一定的原则,较为重要的有以下几个。

1. 质量性原则

质量性原则指的是师范院校在选择职前教育实践基地时,要充分考虑到基地学校的办学质量。在可能的情况下,师范院校要优先安排师范生到重点学校参加职前教育实践。这是因为,重点学校大都有着较为悠久的历史、较大的学校规模、较为雄厚的师资力量、较为先进的教学设施和良好的学风、校风等,师范生在这样的学校中进行职前教育实践,既能够学到先进的教育教学理念,又能够学到丰富的教育教学技能与经验,继而帮助自己成长为优秀的教师。

2. 关联性原则

关联性指的是"系统与其子系统之间、系统内部各子系统之间和系统与环境之间的相互作用、相互依存和相互关系"。教师职前教育实践基地选择的关联性原则,就是师范院校在选择职前教育实践基地时,要充分考虑到以下几个方面。

第一,所选择的职前教育实践基地必须要与师范生的所学专业具有关联性。

第二,师范生在参与职前教育实践时能否将理论知识与实践活动紧密地联系起来,将书本知识与实践技能有机衔接。

第三,所选择的职前教育实践基地能否充分调动与实践教学有关联的各方力量(如学校任课教师、基地实践指导教师、学校团学工作者、学生等)参与到实践教学中来。

3. 长效性原则

职前教育实践基地选择的长效性原则,主要包括以下几方面的内容。

第一,师范院校在选择了合适的职前教育实践基地后,要注意与职前教育实践基地建立起比较稳定的关系,形成实践教学长效机制。

第二,师范院校要注意对设备齐全、规模较大、知名度较高、管理规范,学生感到学习效果较好的职前教育实践基地给予重点建设,以不断提升教育实践的质量。

第三,师范院校要注意通过跟踪师范生的职前教育实践状况以及指导教师的工作开展情况等,对职前教育实践基地存在的问题予以解决,以促进职前教育实践基地的可持续发展。

4. 经济性原则

经济性原则指的是师范院校在选择职前教育实践基地时,要充分考虑到自身的办学经费以及职前教育实践基地建设的成本和效益。为此,师范院校在安排师范生参加职前教育实践时,要注意远近结合、恰当布点,以便在减少职前教育实践基地建设成本的同时,便于对职前教育实践基地进行使用和管理。

(二)教师职前教育实践基地选择的要求

职前教育实践基地的选择情况,将直接影响到教师职前教育实践的质量。因此,师范院校在选择职前教育实践基地时,除了要遵循以上几个原则,还要尽可能满足以下几方面的要求。

1. 教师职前教育实践基地要有明确的教育目的

职前教育实践基地只有具备明确的教育目的,才能给师范生更多的正面熏陶和教育,使他们在未来的实际工作中能够树立正确的教育思想,准确把握教育的目的,有效贯彻党和国家的教育方针与政策,从而为教育事业的发展作出更大的贡献。

2. 教师职前教育实践基地的领导要高度重视教育实践工作

教师职前教育实践基地的领导对待教育实践工作的态度,会直接影响到教师职前教育实践的质量。因此,师范院校在选择职前教育实践基地时,要充分考虑到职前教育实践基地领导对于教育实践工作的态度。

3. 教师职前教育实践基地要有良好的教学管理环境

让师范生参与职前教育实践,不仅仅是为了提高师范生的教学技能,更重要的是对师范生的专业思想、道德素质等方面进行一次检阅和良好的环境熏陶,从而在提高师范生整体素质的同时,使其掌握先进的管理理念、科学的管理手段和规范的管理方法,从而为日后开展班级管理和学生管理工作奠定良好的基础。

4. 教师职前教育实践基地要有较为完备的教学手段

师范院校在选择职前教育实践基地时,教学手段也应纳入考虑的范围。这是因为,职前教育实践基地只有具备现代化的教学手段,才能使师范生将在师范院校所掌握的教学手段实际运用到实践之中,从而帮助师范生不断丰富和巩固自己的教学手段。

5. 教师职前教育实践基地要有一支高素质的师资队伍

师范生在参与职前教育实践时,离不开指导教师的帮助。因此,师范院校在选择职前教育实践基地时,也要充分考虑到教育实践基地是否具备一支高素质的师资队伍,以及教师能否认真、负责地指导师范生的教育实践。

6. 教师职前教育实践基地要有便利的交通条件

师范院校在选择职前教育实践基地时,交通条件也是必须要予以考虑的。师范院校选择交通条件便利的职前教育实践基地,既可以节省职前教育实践的经费开支,也方便对职前教育实践的开展情况进行监督,以确保职前教育实践取得良好的成效。

7. 教师职前教育实践基地要有一定的办学规模

师范院校在选择职前教育实践基地时,也要充分考虑到办学规模这一因素。通常来说,办学规模比较大的学校,会具有良好的办学条件、比较丰富的办学经验和较强的师资力量,从而能够确保师范生的职前教育实践取得良好的成效。此外,办学规模比较大的学校通常能够接收比较多的师范生,这对于师范院校委派实践指导教师、监督职前教育实践的开展情况等都具有积极的意义。

8. 教师职前教育实践基地要有较好的后勤保障

师范生在职前教育实践基地进行教育实践时,食宿问题、安全保障问题、教学办公条件问题等都是需要考虑的。而要有效地解决这些问题,就需要教师职前教育实践基地有较好的后勤保障。

(三)教师职前教育实践基地的建设

教师职前教育实践要想顺利开展关键的是建设良好的教师职前教育实践基地。因此,师范院校必须重视职前教育实践基地的建设。

1. 教师职前教育实践基地建设的原则

教师职前教育实践基地的建设要想达到合格的期望值,就需要在建设过程中遵循以下几个原则。

(1)客观性原则。客观性原则指的是在建设教师职前教育实践基地时,要特别注意以下两个方面。

第一,师范院校职前教育实践基地的建设是一项十分复杂的基础工程,会涉及学校与社会两个方面。因此,在具体的建设过程中,要注意面向实际,从学校与当地社会的实际出发,整体规划,统筹安排。只有这样,才能确保所建设的教师职前教育实践基地发挥出最大的作用。

第二,师范院校在建设职前教育实践基地时,要量力而行。职前教育实践基地的建设需要有大量的资金和物力作支持,而当前的师范院校大都财力紧张,要想以较少的资金来建设高标准且完善的职前教育实践基地是不现实的。因此,师范院校在建设职前教育实践基地时,必须充分考虑到自身的财政状况。

(2)互谅性原则。在建设教师职前教育实践基地时,互谅性原则也是必须要遵循的,具体表现在以下两个方面。

第一,师范院校的职前教育实践基地主要是中小学校,而当前在对中小学校的办学质量以及中小学教师的教学水平进行衡量时,升学率仍然是一个十分重要的评判标准。当师范生进入基地学校进行职前教育实践时,不可避免地会给基地学校的教学和管理带来一定的冲击和负担。对于这一现实,师范院校应有清醒的认知,并要积极采取有效的措施把对基地学校的负面影响降到最低。

第二,师范院校在目前建设教师职前教育实践基地时,由于受到各方面条件的限制,只能是以中小学校为主。对此,基地学校也要有明确的认知,并要进一步认识到支持师范院校的职前教育实践实际上就是完善自我,是为自身师资的储备和发展创造条件。因此,基地学校要积极配合师范院校的教师职前教育实践基地建设,并在可能的情况下主动放弃一些要求。

(3)互利性原则。互利性原则指的是在建设教师职前教育实践基地时,要尽可能确保师范院校和基地学校都能获得较多的收益。在建设职前教育实践基地时,如果师范院校只考虑解决自己的实际困难,而不考虑基地学校的利益,那就难以调动基地学校的积极性;如果基地学校只想从师范院校得到某种优惠,而不愿为教育实践承担更多的义务,那么师范院校就失去了建设职前教育实践基地的意义。因此,在建设职前教育实践基地时,师范院校和基地学校要切实遵守互利性原则,将支持师范院校职前教育实践和帮助基地学校解决一些实际问题看作是一种应尽义务。只有这样,师范院校和基地学校才能实现"双赢",并确保职前教育实践取得良好的成效。

(4)合作性原则。合作性原则指的是师范院校在建设教师职前教育实践基地时,要尽可能采取共建合作的方式。这既可以在减轻师范院校财政负担的基础上,使教师职前教育实践基地的建设获得较为充足的资金，又能保证教师职前教育实践基地建设的质量。

(5)实效性原则。实效性原则指的是师范院校在建设教师职前教育实践基地时，既要致力于满足教育教学实践与学校改革发展的需要，有利于提升教育实践的质量，提高师范生的实践能力和综合素质，又要注重基地的一地多用和多种功能的整合，充分发挥出最佳的教育效益、社会效益和经济效益。

2. 教师职前教育实践基地建设的策略

师范院校在建设教师职前教育实践基地时，要想取得良好的成效，可以采取以下几个有效的策略。

(1)要对教师职前教育实践基地进行整体规划与合理布局。如下所述。

第一，在规划教师职前教育实践基地时，既要立足当前，解决教师职前教育实践面临的现实问题，又要从未来发展考虑，使教师职前教育实践基地能够发挥出多方面的功能。

第二，在规划教师职前教育实践基地时，要注意对各教师职前教育实践基地的实践专业进行固定，以便充分发挥各个基地学校的学科教学长处，确保教师职前教育实践的质量。

第三，在规划教师职前教育实践基地时，要合理确定需要建设的教师职前教育实践基地的数量。这既要考虑到需要，又必须顾及可能，应当根据师范院校和基地学校双方的办学规模、各自的承受力等因素加以综合考虑，以确保教师职前教育实践能切实取得成效。

此外，师范院校的领导和主管部门要高度重视教师职前教育实践基地的布局。

(2)要积极争取教育行政部门的支持。教师职前教育实践基地建设作为一项系统工程，会涉及众多的方面。因此，要保证这项建设工程的顺利实现，必须积极争取教育行政部门的支持。此外，我国现行的教育体制决定了师范院校要想建设稳定的教师职

第七章 教师职业道德的培养

前教育实践基地,必须要有教育行政部门的支持。没有地方教育行政管理部门的支持,教师职前教育实践基地的建立是不可能的,教师职前教育实践的质量也无法得到有效保证。实践已证明了这一点。

师范院校在建设教师职前教育实践基地时,要想获得教育行政部门的支持,需要做好以下几方面的工作。

第一,要积极主动地找教育行政部门协商教师职前教育实践问题,使他们在更加重视教师职前教育实践的同时,将师范院校的教师职前教育实践基地建设纳入行政工作之中。

第二,要积极呼吁教育行政部门出台与职前教育实践基地建设相关的政策,并推动这些政策得到有效贯彻。

第三,要积极支持教育行政部门发挥对教师职前教育实践的领导作用与管理功能,如积极贯彻教育行政部门下发的共建教育实践基地的文件等。

(3)要积极争取社会力量的支持。师范院校在建设教师职前教育实践基地时,还要积极争取社会力量的支持与紧密配合。在这一过程中,师范院校需要做好以下两方面的工作。

第一,教师职前教育实践基地建设需要投入一定的资金,而师范院校自己是难以承担起这一份经济的负担。因此,师范院校在建设教师职前教育实践基地时,要积极引入社会资金。

第二,师范院校在建设教师职前教育实践基地时,可以选择与社会上正规的、规模较大的、专注学科教学内容培训的教育培训机构合作,即将教育培训机构打造成教师职前教育实践基地。

(4)要提高人们对教师职前教育实践建设意义的认知。在当前,有些教育行政部门认为教师职前教育实践是师范院校的事,与自身没有多大的关系;有些中小学认为教师职前教育实践是一种"额外负担",不愿意接受师范生到本校参与职前教育实践。这表明,人们对教师职前教育实践建设意义的认知存在偏差。要改变这一状况,师范院校必须提高人们对建设教师职前教育实践基地的认识,主要是让人们认识到建设教师职前教育实践基地,搞好教师职前教育实践,提高教师职前教育实践的质量,对推动教育特别是基础教育事业的发展具有重要的意义,而且能促进中小学的发展、推动社会主义现代化建设的步伐。

(5)要明确师范院校与基地学校的职责。师范院校在建设教师职前教育实践基地时,必须遵循互利性原则,并在与基地学校充分讨论和协商的基础上,以协议书的形式确定各自在教师职前教育实践基地建设中所应承担的职责。

①明确师范院校与基地学校职责的重要性。在建设教师职前教育实践基地时,明确师范院校与基地学校的职责有着重要的意义,具体表现在以下几个方面。

第一,有助于师范院校在日常积极关心教师职前教育实践基地建设的情况,并主动了解基地学校存在的问题以及自身能否帮忙解决这些问题。

第二,有助于师范院校在面对基地学校要求自身提供某项帮助时,不以任何理由推脱,并尽最大的可能提供该项帮助。

第三,有助于基地学校真正从内心接受师范生的职前教育实践,并积极配合师范院校做好教师职前教育实践基地的建设工作。

②师范院校与基地学校的具体职责。师范院校在建设教师职前教育实践基地时,需要承担的职责有以下几个。

第一,师范院校应该依据自身的办学特点和已确立的教师职前教育实践基地,发挥自己的优势,建立一支精悍的教学科研队伍,加强对基础教育的研究,以便更好地为基础教育培养师资。

第二,师范院校应充分发挥自身的信息优势,将广泛筛选的各种教育信息及时传递给各个基地学校,以推动基地学校的不断改革与发展。

第三,师范院校应充分利用自身优势与教师职前教育实践基地的特殊关系,积极主动地给予基地学校多方帮助与支持,如利用假期对基地学校的教师进行培训、定期到基地学校开展学术交流活动、帮助基地学校开展教学改革的实验等,以推动基地学校建设一支素质良好的师资队伍,以使自身的教育质量和教学改革不断向前发展。

第四,师范院校在对待教师职前教育实践基地时,必须积极转变观念,对教师职前教育实践基地既要"用",更要努力去"扶"、去"养"。为此,师范院校必须在力所能及的情况下,主动给予基地学校一定的经济支持。这既能够增进师范院校与基地学校的友谊,也能促使基地学校尽最大可能为师范生提供较为理想的职前教育实践条件。

第五,师范院校要在基地学校需要的情况下,接纳基地学校教师免费到师范院校进修高一级的课程。

第六,师范院校应在招生政策允许的范围内,对基地学校的学生给予一定的照顾,如每年招生对基地学校给予分配免试保送名额。

基地学校在建设教师职前教育实践基地时,需要承担的职责有以下几个。

第一,基地学校应以师范院校的教师职前教育实践计划为依据,常年接受师范院校安排的一定专业和一定数量的师范生。

第二,基地学校应在条件允许的范围内,尽可能为师范生提供便捷的生活工作条件。

第三,基地学校应对师范生的职前教育实践进行统筹安排,确保师范生在教育教学思想、教育教学技能、思想道德素质等各个方面都能得到有效提高。

第四,基地学校应选派优秀的教师,对示范生的职前教育实践进行科学指导。

第五,基地学校应协同师范院校对师范生职前教育实践的成效进行考核与鉴定,并将最终结果以文字形式呈现,以供师范院校参考。

第六,基地学校应组织有关报告和观摩研讨活动,提供师范生参与职前教育实践所必需的文件、资料和用具等。

(6)要建立健全教师职前教育实践的领导机构。教师职前教育实践是一项十分复杂的系统工程,要想高质量地完成这项工程,必须要形成健全的教师职前教育实践的领导机构。而在构建教师职前教育实践的领导机构时,要尽可能由教育行政部门、基地学校和师范院校共同构成,以更好地协调教师职前教育实践基地的建设工作。其中,教育行政部门要关心、支持与督办教师职前教育实践,确保教师职前教育实践工作自始至终顺利进行;基地学校要成立以校长为组长的教育实践工作领导小组,确保教育实践工作落到实处;师范院校要开展好教师职前教育实践的动员、组织与监督工作,解决师范生和基地学校在教师职前教育实践中遇到的问题,并要注意在教师职前教育实践完成后举办教育实践成果汇报会,评选表彰优秀师范生及其带队教师。

(7)要重视选择、培养职前教育实践指导教师。在进行教师职前教育实践基地建设时,职前教育实践指导教师的选择与培训也是一项十分重要的内容。只有选择具有较高的思想素质、较强的业务能力和丰富的教育实践与指导经验的教师作为学前教育实践的指导教师,才能确保教师职前教育实践取得成绩,确保师范生在职前教育实践中有所收获。为此,师范院校必须重视对职前教育实践指导教师的培训,促使他们巩固专业知识,丰富教育理论,继而更好地解决师范生在实践过程中遇到的问题。

二、提升教师职业道德修养的职后教育路径

从教师个体的专业化发展需求看,职后教育不仅要满足他们的学历教育需求,更要满足以新理念、新知识、新技能为主要内容的业务提高需求;不仅需要帮助他们更新知识与观念、提高技能与能力,还需要增强其科研、创新的意识与能力。具体来看,在专业化发展进程中,开展教师职后教育可从以下几方面入手。

(一)完善教师继续教育制度

继续教育是面向学校教学以后所有社会成员特别是成人的教学活动,是终身学习系统的主要组成部分。它是教学安排依据

第七章　教师职业道德的培养

社会和大众需要展开的,以使受教育者更新知识、进步创新能力和个人素质、提高社会成员接受教育水平为目的的教学活动。教师以教书育人为本,这一职责不仅要求教师要有丰富的知识和德行修养,而且要求教师要紧随时代发展的步伐,具备先进的文化素养。因而,教师必须时时更新自己的知识,不断充实和补充职业发展最新成果。近年来,我国已经越来越重视对教师的继续教育,但要想真正推动教师继续教育,还需要不断完善教师继续教育制度。

(二)开展多种形式的教师职后教育活动

从我国教师职后教育的情况来看,长期以来教师参与的职后教育活动都是统一制定的、单一式的教育活动,但事实上,教师职后教育的需求各不相同,这些教育活动不可能满足不同层次教师的需求,这就要求根据他们的不同情况为其提供多元化的职后教育活动,以满足他们多样化的需求。面对"多样化"的培训诉求,教师职后教育组织者可按照具体培训对象的需求,研发项目、定制课程、设计活动;教学内容、教学方法和组织形式,要以工作需要为导向,为教师提供学校教学改革发展中所需要的内容,服务于学员专业生涯的持续发展,为他们的素质提升提供"增值"服务。具体来看,在实践过程中,应从校园实践情况以及战略展开需求出发,依据教师职业岗位的实践需求和教师队伍的实践情况及各类人员的改变等特点,进行不一样层次的教学和培育,在训练内容上做到"缺什么提高什么,需要什么学习什么",学以致用、学用联系。例如,对农村教师和城市教师培训的内容和形式就不应该"一刀切",而是要根据各自的特点和面对主要的问题进行有针对性地选择和设计。在时间安排上,许多农村中小学教师在暑期有夏锄的任务,所以尽量在寒假多安排一些内容。

(三)完善职后教育管理机制,树立教师职后教育质量确保体系

教师职后教育首要是政府行动,教学行政部门应从教师专业

展开以及全部教学工作展开的高度去认知教师职后教育的重要性,重视教师职后教育的准则建造。只有树立健全有用的运行机制,才能使这项作业继续有效进行。为此,应改变职后教育的运行机制,使职后教育的管理体系和管理机制不断地展开与完善,在法令、方针、经济、激励机制等方面清晰政府在教师职后教育中的责任,而且以法令方式规则教师专业展开是教师应尽的责任。同时树立教师教学质量确保体系,包含树立教师资格认证考试和教师资格证书准则,对教师教学的培育者和训练者实施资格认证准则,树立专业培育及训练的规范,并加强证书颁布的质量监控与确保。教师的职后教育或在职训练应当理解为教师的资格认证更新的进程训练,而不仅仅是一种学历进步的进程训练。

(四)采取不同措施推动教师完成自我成长

教师从教生涯是由入职、熟悉、适应、发展和衰退几个阶段构成的,每个阶段都有其自身的特点,只有结合这些特点来进行教师的职后教育,才能取得较好的效果,实现教师的自我成长。我们试以美国学者伯林纳对教师发展阶段的划分理论为依据进行分析,教师在职业生涯中会经历新手阶段、胜任阶段、熟练阶段、专家阶段,其中新手阶段指教师刚入职的两三年,这一时期教师积累了一定的经验,使教学能够超越前一时期,但工作经验仍显不足,对于突出事件往往束手无策,容易坚守原则而犯教条主义的错误,缺乏灵活性。胜任阶段大概在教师入职后的三四年时期,这一时期教师经过前一阶段的积累,掌握了教育教学的基本规范并能胜任具体的教育教学活动,从而更好地从事教育教学工作,并有了进一步发展的内在需求。

熟练阶段,大约在从业的第五年左右,在这一时期,教师对教学情境已有了直觉感受,并能够运用这种直觉感受处理具体问题和对新的教学情境进行有效的预测。他们需要对预测的准确性进一步提高,也需要将经验向理论的提升。专家阶段在教师从业十年以后,这一时期他们已经有了丰富的教学经验、教育知识,并在长年累月的教育教学活动中掌握了丰富的教育手段和教学方法,能结合学生的特点调控教学活动以获得最优的教学效果。但这一时期他们也面临教育观念老化、僵化,教学方法陈旧等问题,需要紧跟时代发展不断更新教育理念。从这些分析中我们可以看到,在不同的阶段教师面临的问题是不同的,我们只有结合这些不同的特点开展教师职后教育,才能取得良好的教育效果。

第四节 建立健全当代教师职业道德建设机制

在世界范围内,传授科学知识的大部分工作都是由教师担任的,他们在进行知识传授的过程中,也影响着人类精神世界的发展。因此教师也被称为"人类的工程师"。教师在社会发展中具有如此重要的地位,因此教师职业道德工作就更为重要,只有培育出高质量的教师,才能切实发挥教师这一职业的高尚作用,教师教育制度和教师教育政策正是保证教师教育活动科学有序发展的重要支持。

一、对教师专业标准进行科学制定

对教师专业标准进行制定时,主要着眼点是"优质教学"和"专业实践",这样不但能够为教师自身专业素养的提高提供导向,而且还能够加深社会对教师工作的理解和认可,促进教师地位的提高。"优质教学"是以促进学生获得高质量发展为核心的,也就是使学生成为具有专业道德、职业能力的现代化合格人才。

对教师专业标准进行制定,要将"结构框架"和"逻辑主线"明确下来,并以教师理念、专业道德、专业知识、专业能力与专业服务作为主要评价指标。具体来说,教师专业标准内容包括以下几点。

(1)先进教育理念。教师应具备先进的高等职业教育理念,这主要强调培养教师的工作伦理、职业素养和精神,提升教师的责任感。

(2)专业道德。教师应具备高尚的专业道德,这是对高职教师专业尊严和专业自主性加以维护的重要载体,也是对教师的行为加以规范,促进其专业服务品质不断提升的重要工具。

(3)专业知识。教师的专业知识基础应深厚而广泛,对所教学科的基本知识、教育方面的知识与实践历程中的实践知识都要有一定的掌握。

(4)专业能力。教师的专业能力包括教学能力、校本课程开发能力、沟通与合作能力、组织管理能力、专业实践能力、科研能力、反思能力等,对于其中的专业实践能力要特别重视。

(5)专业服务。高职教师不管是对企业员工进行技能培训,还是为企业生产提供技术研发,其在这些方面的专业服务必须达到高标准要求。

教师的专业标准应该体现出共性能力,但也要适当整合专业差异;还应重视分析教师帮助学生"向工作和成人角色转换"的能力、培养"学生持续发展"的能力以及"国际职业教育交流合作"能力等要素。开发教师的专业标准需要进行科学设计,具体步骤如下。

首先,对参与标准开发的人员进行科学选拔,成立专家工作团队,专家工作团队应以高等职业教育专业教师为主体,此外还应包括教育研究人员、管理人员、教育行政部门人员、教育教师培训机构人员、培训师以及企业技术专家等。

其次,科学论证与设计开发方法,可采用"工作任务分析"(DACUM)的方法,在此基础上将文献研究、专家研讨、比较研究及实证研究等作为辅助方法,对教师的"工作任务"与所需具备的"职业能力"进行分析。

最后,分阶段制定教师专业标准,一般分为四个阶段,分别是调研阶段、编写阶段、修订阶段、完善提高阶段。

二、加强对学校教师职业发展制度的科学建立

（一）教师资格证书制度的建立

作为高等教育的重要组成部分，教育具有自身的鲜明特点，具体表现为高等性、职业性以及实践性等。过去在引进专业教师方面，只是将普通学校教师职称评审的标准简单移植过来加以运用，对教师的"学历学位"和"理论知识"比较重视，这种引进方法具有片面性。为了更好地提升教师的专业素质，必须对科学、可行且与高等职业教育特点相符的高职教师资格认定制度加以制定与完善。

首先，对教师的"准入条件"进行明确规定，包括职业教师的任职资格、招聘录用、职务评聘、培养培训、工作考核等，对教师的学术性与实践性分别赋予恰当的权重，这样才能对双师素质的基本内涵进行衡量，提高"双师型"师资队伍建设的科学化、规范化及制度化水平。

其次，在评聘教师职务时，应将主要业务条件确立为教师的"教学实绩"和"专业实践能力与贡献"，引进技术技能人才和职业技术师范院校毕业的学生，促进教师综合素质与教学能力的提升。

在建立教师资格证书制度的同时，要将教师资格认证工作在社会上尤其是在企事业单位和产业界广泛推行。培训员工是任何企业都要履行的义务和责任，在企业从事职工培训继续教育的教师和优秀工程技术人员若能取得教师资格证书，则对企业培训工作的开展具有重要的推动作用，而且对高职教师专业素质的提升也有重要促进意义。

（二）教师资格考核制度的建立

为提高教师的专业化水平，需将教师资格作为从业标准，同

时国家还应对教师资格的考核制度进行建立并完善。通过实施考核制度,能够推动教师尤其是实践经验缺乏的年轻教师深入企业相应岗位进行专业实践,对行业发展动态及时了解,对行业最新信息加以把握,在实践中不断巩固理论知识,掌握实践技能,从而进一步提升专业素质。

高校要根据对教师的专业素质要求,对考核办法加以优化,促进教师认定标准的不断完善,打破终身制,对有助于推动教师不断成长的考核制度加以制定。具体有以下几个方面的要求。

首先,实施教师评价多元化。在评价内容上,注重评价教师的职业实践能力和教学实践能力,合理分配理论、知识教学与实践教学的考核比重,注重考核教师的应用科研能力;评价形式上,将过程评价、绩效评价及综合素质评价充分结合起来。

其次,制定硬性措施和督促机制,积极鼓励专职教师到企业顶岗实践,并将此作为教师考核、岗位等级聘任的重要指标和职务考查的主要内容之一。

最后,对不同类型、不同成长时期的教师制定的考核措施不能完全一致,注意区别对待。

(三)教师激励制度的建立

每个人都有不同程度的惰性和贪性。惰性是意志力薄弱的表现,贪性是付出的少,想要的多。为了克服这些人性弱点,管理学上强调通过制定制度来激励人上进。在赏罚分明的环境下,人的潜能更能够被激发出来。

对教师的激励制度进行建立健全,能够使教师更加自觉地参与培训。提升教师的专业素质不是短期内就能见效的,需要教师为此付出大量的时间、精力,长期坚持培训才能有所收获。学校必须对一系列科学合理的激励措施加以制定,从而将教师的积极性、主动性充分调动起来。具体激励措施有以下几种。

(1)根据教师到企业实习的情况或工作表现及考核情况发放的"课酬津贴"。

（2）在物质或精神上奖励在企业实习或顶岗工作期间从事应用项目开发、实用技术攻关、员工培训、业务咨询管理等工作且表现良好的教师。

（3）完善奖励性绩效工资分配政策，向工作能力突出且业绩好的教师适当倾斜。

（4）对教师"工作室""名师工作室"加以建立，在校内外假期对"实践教学基地"的建设加以落实，为教师提供良好的教学环境和技术创新条件。

三、推动教师职前培养制度的健全与完善

促进教师专业素质的提升与进一步发展，还应对教师的职前培养制度加以完善。这就需要对教师教育课程标准加以制定，从而使师资队伍新生力量补充的质量基准得到良好的保障。同时必须促进教师培训机构的资质标准的提升，并从国家层面建立统一的考试制度来管理教师入职情况，考试制度中应包括"企业工作经历""实践性教学准备"等考核标准，将这一关严格把控好，能够有效确保教师个体的专业发展和整个师资队伍专业水平的提升。

（一）努力学习教育教学知识

教育与纯功利性的一般职业培训不同，教育是高等教育的一种类型，以就业为导向，高举"以人为本、促进人的全面发展"的大旗，以培养人、发展人、完善人为宗旨。所以教育不仅具备高等教育的功能，还具有自身不同于普通高等教育的特征，教师对这一点必须要有正确的认识，并且在教学中体现这一点。

教师作为职业教师，应具备专业理论知识、职业教育知识以及职业教育心理学知识，只有知识丰富、专业性强，且具有运用知识的能力，才能更好地开展教学和科研工作，同时促进教育的价值取向和社会效益的提升。因此，教师必须认真学习高等职业教育的教育知识，同时深入研究和准确把握高职学生的心理。

(二)促进教师教育理念的强化

提升教师专业素质的主要内在驱动力是教师自身的教育理念,具体表现为教师对专业的忠诚度、对事业的使命感、对职业的奉献、对工作的责任心、对专业道德的坚守以及对自身发展的追求。教师不仅是知识的传播者,而且是模范。培养与提升教师的教育理念是一个非常具体的实践问题,教师教育理念的形成是一个内在体验与外在环境相互作用的过程。对教师而言,理论知识固然重要,但其更需要在实践中检验理论知识的科学性和教学实践的成效,而且教师也应该在教学实践中确立相应的信念。具体可以通过实践性反思、合作性交流和行为更新等有效的实践策略来提升教师的教育理念。

(三)强化教师的教学实践能力

鼓励教师不断熟练职业工作的任务、流程和新技术的开发方法,在具体教学实践中促进其执教能力、校本课程开发能力及探究能力的提高,使教师成为能够灵活驾驭教育教学工作和企业职工培训工作的智慧型和多能型教师。

对教师教学实践能力的强化应从以下几方面着手。

1. 执教能力的强化

"教学设计"和"教学实施"是教师执教能力涉及的两个主要方面。前者指的是备课,包括"备教材、备教法、备学生"。后者指的是上课,教师善于课堂管理,懂得有效教学是上好课的两个前提。"课堂管理"包括对课堂物理环境和心理环境的管理,还包括对课堂规则的制定以及对课堂突发事件的处理等,它要求教师具备为学生提供安全有序、公平且受尊重的良好学习环境的能力。

有效教学要求教师立足于学生的已有知识或经验,将学生的新旧知识有效联结;将教材知识有组织、有条理地呈现出来,对重要的概念、原理或技能等进行正确而清楚的讲解。合格的教师首先要具备的职责就是学会教学并具有良好的执教能力。

2. 校本课程设计和开发能力的强化

校本课程开发,是以自己的高等职业教育哲学思想为依据,为使学生的实际发展需要得到满足,以教师为主体所进行的、与具体条件相符的一种课程开发策略。对校本课程的开发有助于学校办学理念的落实,将学校的办学特色彰显出来,使学生的实际发展需要得到更好的满足,促进和学生的多样化发展。教育要求教师兼具多重角色,其中"预定课程的实施者"和"校本课程的设计开发者"是两个非常重要的角色。因此,教师开发校本课程,具备课程设计与开发能力是其基本职责体现。

3. 探究能力的强化

教育具有工作情境复杂、教育问题开放、教育技术不确定等特征,因此教师应具备良好的探究能力。教师思考纯理论知识、创作学术性文章、开展学术研究等都不能很好地说明其探究能力得到了强化,而强化教师的探究能力主要是要求其以理论武装自己,以研究型思维和态度正确对待自己的工作,这体现了教师的深层学习能力,具备该能力的教师可以对自己观察到的现象进行高度的概括。

具备良好探究能力的教师对教育方面的专业文献都能顺利阅读,能将教育学界最新的研究成果很快吸收、消化,而且还能从工作实际出发独立思考,自主探究,对教育实践中的现实问题进行创造性的解决,对属于自己的"教育知识"进行科学建构。

四、充分发挥"校企合作"体制在教师培养方面的重要作用

(一)建立企业内部有关教师到企业实践的管理制度

对于去企业实践的教师,企业具有管理权,在企业实践的教

师又多了一重身份,即企业员工,企业的管理对教师实践的成效有直接的影响。企业对教师的管理具体要从以下几方面着手。

首先,一视同仁。教师的人事关系虽然属于学校,但其在企业实践锻炼期间,对企业的各项规章制度必须严格遵守,和企业正式员工一样考勤,遵守工作纪律与规范,完成岗位职责和工作内容等,不应该特殊对待。

其次,根据岗位要求、企业实际及教师与学校的需求,对教师的实践内容与目标加以确立,并严格进行考核。教师在企业的实践锻炼情况既要作为企业员工绩效考核的内容,又要作为学校人事绩效的内容,从而激励教师在企业认真实践,掌握实践技能。

再次,教师去企业实践的时间较短,而且有明确的目标,可以说是一种为了配合学校的人才培养需要而进行的特殊学习,企业应充分尊重教师的价值,合理安排教师的工作。

最后,加强对教师实践安全管理制度的建立健全,对于到企业实践锻炼的教师,企业应提供专业培训,如生产技能、安全操作等培训,避免教师发生安全事故,给企业造成损失,对于企业、学校以及教师的安全责任和义务,都要加以明确。

(二)建立教师与企业技术人才交流互动平台

在生产力和生产资源方面,企业具有明显优势,先进的生产设备、生产技术和优秀的技术型人才都是企业得以发展的主要因素,而教师在专业理论知识方面具有优势,将两者充分结合有助于实现双赢。此外,在教师进入企业实践锻炼期间,企业还可以加强员工培训工作的交流与合作,为企业内训师的培养提供优秀的资源,促进企业员工培训力度的增强,以企业发展和市场竞争的需要为依据促进员工素质的全面提升和企业竞争实力的提升,从而有机整合和充分利用企业资源与学校资源,促进资源配置的优化与资源价值的发挥。

第八章 教师职业道德的评价

随着时代的发展和社会的进步,人们越来越清楚地认识到加强教师职业道德素养的必要性,教师职业道德的好与坏直接关系着人才培育的质量高低,直接影响着人才强国和科技兴国战略的实施效果。在教师的道德建设中,教师职业道德评价发挥着至关重要的作用,正确的师德评价是推动教师道德规范和原则向道德意识和活动转化的重要力量,对协调人际关系,形成良好的社会道德风尚都具有重要的作用。本章就对教师职业道德进行评价。

第一节 教师职业道德评价的重要性与评价依据

一、教师职业道德评价的重要性

作为一种无形的力量,教师的职业道德评价有着重大的推动作用,其不仅可以提升教师自身的道德修养,还有助于学校形成良好的道德风尚,有助于人类形成良好的社会风气,促进整个社会的精神文明建设与可持续发展。因此,一名优秀的教师不仅需要对自己进行职业道德评价,还需要对他人进行职业道德评价。下面就来分析教师职业道德评价的意义。

(一)维护教师职业道德原则和规范的重要保障

在教师的职业道德活动中,如果我们将职业道德比作职业道德规范的外在表现,那么职业道德评价则为外在表现的一种监督形式。也就是说,教师职业道德评价对教师的职业道德活动起着重要的监督和保障作用。

作为对教育活动中教师行为进行调整的规范与准则,教师职业道德不同于相关法律或者行政手段的强制性,而往往是依据教师以一定的教师职业道德标准来进行道德评价的。教师能否接受教师职业道德的规范与原则,以及接受程度的大小情况,都取决于人们评价活动的广度与深度以及道德评价的水平与能力。如果没有评价,那么教师的职业道德规范显然就不会起作用,这主要是由于以下两个原因。

第一,教师职业道德能否得到认同,从很大程度上说体现着教师职业道德传播水平是高还是低,标志着教师职业道德是否得到了弘扬。通过教师的职业道德评价,能够指出教师的职业道德行为上有何不妥,从而激发教师不断提升自身道德修养的斗志,进一步培养自身良好的道德行为,消除不健康的道德行为倾向。

第二,教师的职业道德评价能够改善道德氛围。也就是说,通过职业道德评价,教师会不断调整自身的职业道德活动,同时周边的职业道德氛围也会不断变得更好,从而形成积极的职业道德氛围。

(二)促使教师职业道德规范转化为教师内心信念的重要机制

教师职业道德是向教师提供自身道德行为的外在准则,要想把这种客观的标准转化成教师内心的信念,并在自身以后的行动中有明显的体现,那么就必须通过教师的职业道德评价。通过职业道德评价,教师不仅可以对职业道德规范与准则有清楚的了解,还能够将这一规范与准则深入自己的内心世界,对自己的道德情感与职业良心产生直接的影响。

如果教师的行为一旦是不道德的,那么就会被社会谴责,就会使得他们在社会舆论的压力下,使自己更为羞愧与不安,以至处于痛苦的生活之中。

如果教师的行为是道德的、高尚的,那么就会受到社会的褒奖,使他们在社会舆论的支持下不断完善自我,内心也倍感愉悦与欣慰,并会努力将自己的这种道德行为坚持下去。

显然,这种谴责和褒奖带给教师的作用是天差地别的,只有教师不断提升自身的职业道德,才能激发自身的道德荣誉感与职业责任心,从而不断提升教师自身的觉悟,唤起教师实践职业道德规范的积极性与主动性,使自身的道德意识与道德活动相结合。

(三)促使教师个人职业道德品质形成和发展的重要途径

教师职业道德品质的形成与其他品质的形成具有相似性,即要经过长期的职业生涯规划与训练才能逐步形成,并在不断的实践中加以巩固。在这一过程中,教师的职业道德评价有着非常重要的影响作用,具体表现在以下几个层面。

第一,教师职业道德评价具有广泛性。教师的职业道德行为不仅限于自己以及周围的学生这一范围内,还会对学校、学生家庭甚至社会产生影响。正是因为这种广泛性的存在,导致教师会受到各界的监督,使教师在各个方面都需要注意自身的道德行为。

第二,教师职业道德评价的效应是直接的。这种直接的效应主要体现在教师职业道德评价中,在教学中,学生是教师的直接对象,教师的言行对学生产生着直接的影响。如果教师的言行不得体,那么会让学生感到反感,甚至厌恶,中断学习的过程。

第三,教师职业道德评价的影响是持久的。一方面,如果对某一位教师的评价一旦形成,一般短期内就不会消失;另一方面,如果教师与学生之间的关系不是一时的关系,而是具有长期性、稳定性的关系,这就使得学生对教师的评价不是一时的评价,而是会持续较长时间,甚至在以后的交往中会一直持续与保持。

总而言之,正是教师职业道德评价具有广泛性、直接性与持久性,使得教师不得不对自己言行的得当与否多加注意。

(四)教师职业道德评价是改善校风校纪、调节教育内外人际关系的有效手段

教师职业道德评价不仅与某一位教师的名声与品质有着密切的关系,还与整个学校的校风校纪有着密切的关系。如果一所学校对教师的职业道德评价非常重视,往往会对评价中的价值导向进行正确引导,并通过多种渠道建构一个评价—反馈机制,使好的教师职业道德得到鼓励,坏的职业现象进行批评,这样可以在教师队伍中构建良好的职业风尚,形成一个有纪必遵、有规必循的教师群体,带动学生养成良好的习惯,从而在全校范围内构建一个积极向上的校风校纪。

此外,教育本身属于一个开放性的系统,除了对学生进行教育,教师还需要处理与学生家长之间的关系、与社会其他成员的关系,当然他们还需要处理好自己家庭的关系。在这么多复杂的关系中,道德评价影响巨大。

二、教师职业道德评价的依据

要想对教师顺利进行职业道德评价,还必须遵照一些评价依据,这些依据是评价对象所具有的将道德价值反映出来的要素。一般情况下,教师的职业行为都存在道德意义,都可以成为评价的对象。只有将教师的职业行为作为评判依据,才能保证教师职业道德评价的公正与系统。

行为由动机、目的、手段和效果等几个因素构成。动机产生于人们的社会生活需要,常以兴趣、愿望、理想和目的等形式表现出来,是人们发动和维持行为的思想动力。目的是行为所要实现的一定目标。如果说动机是意识到了的愿望,目的则是明确了的目标,它包含着对行为结果的愿望和期待,目的是人所特有的自主性、能动性的表现,是人们较为持久的行为动力。手段是目的实现的方式与方法,是使目的达到一定效果的桥梁和中间环节。

第八章 教师职业道德的评价

在目的与动机的支配下,手段得以进行,是动机与目的的展现过程,直接由目的加以控制与指导。效果即人们行为所产生的结果。当效果与动机、目的达成一致的情况下,那么这种效果是最好的效果;如果效果与动机、目的不一致的情况下,这种效果就是坏的效果。

可见,在实际的行为中,动机、目的、手段、结果之间的关系是非常奇妙的,也是非常复杂的,因此对行为进行评价离不开这些层面。

(一)坚持用动机与效果相统一的观点来评价教师的道德行为

在评价道德行为善恶的依据问题上,一直存在着动机论和效果论两种对立的观点。动机论者以动机作为衡量行为道德性质及其价值大小的主要依据。例如,德国哲学家康德就认为,世界上除了一个"善良意志"外,再没有什么东西可称得上是道德的了。以英国功能主义伦理学家边沁和密尔为代表的效果论者则认为,动机本身无所谓善恶,其善恶是由效果所决定的,只要行为效果好,这个行为即可认为是道德的,至于动机的好坏无关紧要。动机论和效果论各执一端,均有其片面性,其共同点是割裂了动机和效果的统一性。

马克思主义伦理学认为动机与效果是对立统一的关系。一方面,动机与效果是统一的,两者相互依存,相互联结,在一定条件下互相转化。另一方面,动机与效果又是相互区别的,动机为主观因素,发动、维持人的行为;效果属于客观事实,记录、证实人的行为。动机与效果的辩证联系通过复杂的方式表现出来,好的动机常常引出好的结果,坏的动机常常引出坏的结果;但是,由于社会生活的复杂性,动机和效果有时也会出现背离的现象。好的动机也会产生坏的结果,即"好心办坏事",有时坏的动机也会产生好的结果,即"歪打正着"。因此,在评价人们的行为时,要反对单纯的动机论或效果论,把动机与效果统一起来,具体分析两者之间的关系。在实际评价中,对于动机与效果一致的情况,容易做出评价,即动机好效果也好的行为当然是善行,如果动机不好、效果也不好,那么这种行为就是恶行。但是,如果动机与效果不一致的时候,我们应该首先看到动机的作用。这是因为,动机主要在行为者的内心存在与展现,是人的行为的最初意图与精神趋向的反映,能够将行为者的行为本质与精神境界体现出来。

同时还需要注意,要具体问题具体分析,不能片面强调动机,也不能片面强调效果,而是从实践中对其进行评价。如果对动机好、对效果不好的现象,我们应该努力去寻找原因,是因为对客观事物认识不全面导致的,还是因为考虑不周到导致的,从而分析具体的原因,找出解决这些问题的方式,为下一步的动机做准备,从而真正实现动机与效果的统一。

实践动机进行检验与完善,在实践中逐渐实现愿望与效果的一致。但是,动机属于观念形态的东西,并非显而易见。那么,怎样才能判断动机的好坏呢?这就需要看效果和一贯的行为。如果即使效果不好,但能从其一贯的行为中证明动机是好的,也应当判定行为具有善的道德价值,这样体现了动机在行为中的重要意义,也体现了道德行为评价不同于其他评价的特殊性。

在教师职业道德评价中,往往人们只看到结果,对动机予以忽视。也就是说,人们只看学生的分数,而并未意识到教师教学的过程。教师职业的特殊性使得教师的劳动成果往往会受到多种因素的影响,教师的劳动成果并非时时与实际成效之间呈现正比关系。因此,仅仅将学生的成绩作为教师评价的手段,显然是比较片面的,会挫伤教师的主动性与积极性。

由于教育成果具有滞后性,分数并不是学生成长的唯一标准。很多时候,还要看学生的品德、智力发展,以及创新精神的培养等层面,这些都是教师教学的结果。尤其是随着教育改革的发展,教师的职业责任不仅限于知识的传授,还体现在对学生心灵的启迪、潜能的挖掘、人格的塑造等层面。

教师要想完成这些责任,需要不断进行创造与探索。对于探索者来说,可能会成功,也可能会失败。因此,社会不仅要肯定成功的探索者,也不能挫伤那些失败的探索者。因此,在对教师职业道德进行评价时,应该遵循动机与效果的结合,从动机看效果,从效果看动机,运用全面的理论对教师职业道德进行评价。

(二)坚持用目的与手段相统一的观点来评价教师的道德行为

目的与手段具有统一性。一方面,道德目的对道德手段起着决定性作用,道德目的的性质也对道德手段的性质起着决定性作用。另一方面,道德手段也对道德目的有着重要的影响,道德手段的性质也对道德目的的性质起着重要的影响。因此,在对教师的职业道德进行评价时,要实现目的与手段的统一,反对单独地承认目的或者单独地承认手段,应该联系目的与手段的具体情况,进行正确的评价。

任何行为都无外乎有好的或坏的目的两种可能,而无论什么目的都可能采取正当或不正当的手段。当目的与手段一致时,是容易评价的,即目的是好的,手段是正当的行为就是善行;相反,目的是坏的,手段是不正当的行为就是恶行。但是,如果目的是卑劣的,即使采取正当手段的行为也不能说是善行,应给予否定的评价。如果目的是好的,采取的手段是不正当的,则必须深入分析行为的背景,才能做出恰当的评价。当行为人有条件使用正当手段而没有使用时,这种行为应予以否定。如果行为人别无选择,只能以不正当手段达到良好目的时,一般应当肯定行为的道德价值。但是,如果不正当手段造成的负价值大于良性目的价值时,必须予以否定。也就是说,为了良好的目的而采取的不正当手段所产生的负价值必须小于良性目的的正价值。比如,一位教师为了让学生考出好成绩,用加大作业量的方式帮助学生进行强化训练。如果这位教师留的作业量超出了学生的承受极限,导致学生大面积病倒或产生强烈的厌学情绪,影响了正常的学习秩序,造成学习成绩的下降。那么,这位老师的行为就是不道德的,应予以批评。

第二节 教师职业道德评价的原则与标准

一、教师职业道德评价的原则

所谓教师职业道德评价的原则,即在对教师职业道德进行评价时所应该遵循的原则,其在教师职业道德评价的要求与思想上有集中的体现,反映出教师职业道德评价的基本规律,是人们在职业道德评价实践中逐渐摸索出的规律。一般来说,对教师进行职业道德评价需要遵循以下几点原则。

(一)方向性原则

所谓方向性原则,即教师的职业道德评价一定保证方向明确。也就是说,教师的职业道德评价应该与先进文化的发展方向保持一致性,要对学校的教育目标的实现有着重要作用,使学校树立明确的办学方向,从而推进教育的发展。如果方向不明确,偏离党的教育方针,偏离教育教学改革的客观要求和教育发展规律,背离学生健康成长的需要,教师职业道德评价就会走上歧途,失去存在的价值和意义。因此,在对教师进行职业道德评价时,只有对教师的思想品德、工作态度、业务水平、教书育人、教学能力和工作效绩等作出公正、准确而又全面的价值判断,才能充分发挥评价应有的导向作用。

(二)公开性原则

评价的公开性,首先是指评价结果要告之被评价教师本人,要疏通评价者与被评价者之间的信息沟通渠道,这样才能发挥群体舆论的作用,才能发挥道德舆论支配、调节教师行为的杠杆作用。评价本身不是目的,而是手段,是为提高教师职业道德水平,为树立积极、健康的社会道德服务的手段。如果仅仅将对教师的

第八章　教师职业道德的评价

评价记录下来并装入档案袋中,而并未让教师意识到自身的职业道德水平,那么他们是很难了解自身与他人的差距的,这样就使得教师职业道德评价与道德评价目的相违背,无法将教师职业道德评价的巨大作用发挥出来。

评价的公开性,还指当向被评价教师通报评价结果时,要允许被评价教师说明情况,尊重被评价人的意见,允许保留不同看法。道德是一种非常复杂的社会现象。自我评价与群体评价不尽一致,甚至相互矛盾,这是正常的,也是应当被允许的。不能因教师本人对群体评价结果提出异议,就认为这个教师骄傲、不虚心、拒绝帮助。道德不能靠搞少数服从多数和强制性措施维持。只有当教师对公众舆论心悦诚服时,这种舆论才具有对行为的约束、支配作用。同时,某种行为是道德的还是不道德的,通常不是靠一次评价就能作出最终判断的。道德评价表面看虽已结束了,实际的评价活动却仍在进行。常有这样的情况,原来被认为不道德的行为,或者由于获得了更多的有益于评价的信息,或者是由于情况、环境发生了变化,也可能是人们的观点发生了变化,反而被评价为道德行为了。

(三)全面性原则

对教师进行道德评价,必须坚持全面性,避免片面性;坚持发展观,反对绝对化;坚持辩证法,反对形而上学。教师的品德是一个复杂的有机的整体,必须辩证地对教师道德作出评价。教师道德是历史的产物,受教师本人社会生活条件、社会生活环境制约。所以,对教师进行道德评价,要进行纵向的历史考察。教师的职业道德可以在多个层面体现出来,尤其是他们从事的一切活动中,也就是说教师的评价并不是一时就可以观察出来的,而是经过频繁的观察,看教师的发展情况,分析他们是不是在职业道德上有所进步与提高。只有从发展的角度看到教师的职业道德情况,才能真正发挥职业道德评价的重要作用。

对于全面性原则,一定要充分考虑职业道德评价标准的全面性,全面、充分地反映教育目标,反对过分强调某一些因素而忽视其他的因素,以免因为一些片面性的因素而使整个学前教育系统失衡。贯彻全面性原则,还要求评价者在评价过程中要全面、充分地收集有关信息,不要偏听偏信。例如,在评估某一位教师的职业道德水平时,要听取其他教师、员工的意见,学生对教师的评价,以及广大学前家长的意见,而不能只听取某个领导的意见。除了这些人员的意见,教师所带出来的学生的发展水平如何当然更是非常重要的一个参考标准。

(四)发展性原则

教师职业道德评价的发展性原则是指以评价对象的成长和发展为根本价值导向,在评价过程中兼顾评价对象的现状与将来,并针对评价结果,确定评价对象未来的发展趋势,实现评价与指导、培训、自我教育活动的有机结合。教师职业道德评价既要看到评价对象的道德水平在同类对象中的地位,又要了解其自身发展变化的情况。

发展性评价的核心是强调注重过程性评价,避免"以点概面、以偏概全",用静止的观点看问题的错误倾向。传统的学校管理往往过于强调评价的终结性结论,强调终结性结论评价中"优秀""良好"各等次的比例,并以此作为教师解聘、降级、晋级、加薪和发放奖金的依据,这不仅会让教师对评价产生畏惧和不信任感,而且也容易导致教师职业道德评价流于形式。

二、教师职业道德评价的标准

道德评价是对人的行为及其品质的衡量或判定,而道德价值又常常借助于善恶范畴来体现,所以善恶就成为道德评价的一般标准。由此可以说,教师职业道德评价就是对教师的行为及其品质的衡量或判定。善恶也是教师道德评价的一般标准。一般来说,人们认为教育的本质是善的,教育是教人从善的活动,教育以培养人为宗旨,发展人的潜能,使其从自然人向社会人转变,从而满足社会和人自身发展的需求,促进整个人类的发展和完善。道德标准具有以下三个层次:

"不准",即以否定形式的规范告诉人们哪些行为不能做,如偷盗、说谎等,其目的在于防止社会危害行为的发生。

"应该",即以肯定形式的规范告诉人们哪些行为可以做,其目的在于通过社会中各个角色的互惠互利,对人类造福。

"提倡"是道德标准的第三个层次,它以赞扬式的规范引导人们树立和实现一定的道德理想。比如:舍己为人、公而忘私等。其基本目标是通过对特殊情况下个人行为的赞誉,实现人类和社会的美好理想。

(一)教师职业道德评价标准的制定

从内容上,教师职业道德评价标准的制定应该与教师职业性质与教育发展情况相符合,要将教师职业道德的内涵体现出来,这样才能使内容更为合理,增强可信度和说服力,避免随意性和盲目性。教师职业道德评价标准有两个层面:道德行为标准和道德心理标准。

道德行为标准是衡量教师行为善恶的外在尺度和准绳,在评价时应遵循一定的教师职业道德原则和规范,必须反映出一定社会或阶级的利益。只有符合一定社会或阶级的需要和利益,才是善的或道德的。

道德心理标准是衡量教师行为善恶的内在尺度和准绳,它要求教师的职业行为必须与教育规律相符合,有助于学生的健康成长。只有符合学生个性心理、人才成长规律和教育规律而开展的教育活动,才是善的或道德的。

1. 教育发展利益是教师职业道德评价的根本标准

教师职业道德必须与教育发展情况相符合,把是否有利于教育发展作为教师职业道德评价的根本性标准。

我国正在进行的基础教育课程改革,强调要改变传统课程过于注重知识传授的倾向,使学生形成积极主动的学习态度,在获得基础知识与基础技能的同时,培养学生的社会责任感、创新精神、实践能力以及科学素养、人文素养和环境意识,使学生获得健全的人格。因此,使学生得到全面发展的教育理念,成为新课程教育理念的核心。与此相适应,这一理念也应该成为教师职业道德评价的出发点和归宿。也就是说,凡是能促进学生全面发展的教育行为就是善行;反之,不利于学生全面发展的教育行为就是恶行。教师要促进学生的全面发展,就要改变陈旧的教育观念,树立富有时代精神的现代教育观,包括现代教师观、现代教学观、现代学生观、全面发展的质量观、现代教育的价值观、全方位发展的知识观以及为人师表的行为举止观。

2. 学校发展利益是教师职业道德评价的基本标准

教育的发展要通过学校的发展来实现,学生和教师的成长也需要以学校为依托。学校无小事,事事皆育人;教师无小节,处处皆楷模。对于一个学生的成长而言,任何教师的劳动都只是浇了有限的一瓢水,培了有限的一铲土。凡是完成了应该承担的教育职责,有利于实现学校发展利益和需要的行为,就是道德的教育行为,应予以肯定、鼓励和宣传;反之,则是不道德的教育行为,应予以否定、抵制和反对。当然,这里的学校发展利益是整个社会的教育发展利益,不是指违背教育方针的片面、狭隘的学校小团体利益。

(二)教师职业道德评价应注意的问题

我国的职业道德评价是在引进国外职业道德评价理论的基础上逐渐发展起来了,如今已经建构了具有中国特色的职业道德评价体系。在这样的一个大背景下,教师职业道德评价也应该注意一些基本的问题。

第八章 教师职业道德的评价

1. 以教师素质的发展为目标

实施素质教育,促进学生整体素质的全面发展,是当前学校教育的出发点和目标,而素质教育的实施、教育目标的实现关键在于高素质的教师。教师素质是教师进行教书育人的前提和基础,也是教师自身成长的前提条件和基础,因此,教师素质也应该要得到全面发展。教师职业道德评价必然基于理想教师的培养目标(即教师素质的全面发展),这些目标显示了教师的发展方向,也构成了教师职业道德评价的依据。教师职业道德评价的着眼点既放在教师当前的发展水平上,也放在其未来职业能力发展倾向等方面。因此,教师职业道德评价应当树立职前教育和职后教育融通,重视自我反思教育,维护公众知识分子教育影响力,强调终生学习等理念。

2. 教师职业道德评价注重过程评价

过程性评价是一种在课程实施的过程中,对教师整个过程进行评价的方式。过程评价反映了那种将既定目标和教育效果进行比照的机械性的检测方法,提出了在过程中进行调整的一种价值判断系统。在职业道德评价理念的指导下,应当强调收集并保存教师发展状况的关键资料(学习成果),并通过对这些资料(学习成果)的呈现和分析,能够形成对教师发展变化的认识,并在此基础上针对教师的优势和不足给予教师激励或具体的有针对性的改进建议。

3. 教师职业道德评价要有一定的选拔性

发展性评价虽然淡化竞争观念,但不是彻底放弃竞争和选拔,否则,教师的专业性也很难得到巩固和提高。可以预见的是,未来的教师专业化水平将越来越高,教师职业道德评价应当特别强调在入学前进行必要的选拔考试,而入学后,教师职业道德评价也必须通过课程教育,区分学生能力。但是终究的目的都是更有利于教师的后继发展。发展性评价理念虽然主张评价尽可能地"去利害性",但并不是完全排斥选拔和竞争,相反,倒是要在公平公正的基础上,建立良性的竞争机制,鼓励优秀,选拔优异,淘汰落后者,适度的竞争也是促使人才成长的助推器。

第三节 教师职业道德评价的形式和方法

一、教师职业道德评价的形式

要想发挥好教师职业道德评价的意义,就必须采用恰当的评价形式与方法,讲究评价的规范性与科学性、方法的合理性与有效性,从而推进教师职业道德评价的形成,促进教师职业道德的优化。

(一)社会舆论评价、教育习俗评价和内心信念评价

1. 社会舆论评价

这里讲的社会舆论,特指人们以教师职业道德的原则和规范为标准,对教师的职业道德所进行的议论和评判。校内舆论主要指教师、学生和学校管理人员等对教育现象和行为的看法与态度;校外舆论主要指学生家长、社会组织和团体以及新闻媒介等对教育现象和行为的看法与态度。

社会舆论能够反映出教师与学生、他人之间存在的道德关系,有助于调节教师的道德行为。同时,社会舆论还起着很好的监督效果,不仅对每一位教师的行为进行监督,还有助于对学校、教育机构等进行监督。另外,社会舆论是基于一定的价值观念建立起来的。正确与错误、进步与落后的议论同时存在于社会舆论之中。舆论的混杂给教师职业道德评价带来一定的困难,这就要求有关部门对舆论给予严格的区分,对社会舆论加以引导,批评

第八章 教师职业道德的评价

和抵制错误舆论,弘扬和扶植正确舆论。

社会舆论可以分为两种类型。一种是自觉的、有组织的社会舆论,称为正式的社会舆论,常以国家组织、新闻媒体为依托,有意识、有目的地营造某种社会舆论。如公开表彰优秀教师,报道教书育人的先进事迹等。另一种是非正式的社会舆论,也就是街边小巷的谈论,是在小范围内形成的一种舆论形式。这种舆论形式是人们遵照一定的传统习惯、生活经验诞生的,并未形成特定的宣传工具与组织,所表达的议论、看法等往往都比较零碎、分散,很难构成体系。

一般来说,正式的舆论在教师的职业道德评价中具有很大权威性,相比之下,非正式的舆论在教师的职业道德评价中的影响力也不小。因此,二者都不能忽视。

2. 教育习俗评价

所谓教育习俗,即一定的民族、社会的教师群体,在不断的发展中形成的普遍的、世代相传的教育行为方式与社会倾向。近代著名思想家、教育家康有为在《大同书》中,按照幼教、小教、中教等层次,对各层次的教师分别提出了教师素质和道德行为的要求:幼儿教师要"德行慈祥、身体强健、资禀敏慧,有恒心而无倦心,有弄性而非方品";小学教师要"德行仁慈、威仪端正、学问通达、诲人不倦";中学教师要"学行并高、经验甚深、形宜方正、德行仁明、文学广博、思悟通妙"。

教育习俗具有三个显著特征。一是稳定性。教育习俗历史悠久,它在历史发展过程中与社会政治、经济、文化和人们的社会心理紧密结合,形成了教育习俗的稳定性。二是群众性。教育习俗是一种群众性的、自发的、广泛的心理特征和行为准则。三是两重性。教育习俗既有进步的、积极的,又有不合时宜的旧传统、旧习惯。如古人倡导的"学而不厌、诲人不倦""因材施教、循循善诱""学思结合、学以致用""以身作则、知行合一"等传统教育观念,有利于推动教师职业道德的进步和社会的发展;对那些消极的思想观念,必须充分认清它的危害,消除它的影响。

3. 内心信念评价

内心信念在人们内心中是一定要遵守的,并是人们的道德意识中根深蒂固的理想与原则等。作为一种存在尺度,教师的内心信念是教师发自内心的一种对教师职业道德形成的内心信仰,并根据这种信仰产生一种责任感。

内心信念是教师职业道德情感、职业道德认知的统一,是教师职业道德选择的一种助推力,对教师判断行为善恶起着非常重要的作用。同时,教师内心信念又影响着个体的职业活动,是教师精神生活的一种导向,推动着教师不断履行道德义务。

总体而言,这三种教师职业道德评价方式相辅相成,缺一不可,共同构成教师职业道德评价的体系,并为教师提升自身的职业道德水平与社会风气起着十分重要的意义。

(二)发展性评价与终结性评价

发展性评价是一种面向未来的评价方式,是根据评价目标,重视过程并及时反馈的一种形成性评价手段。发展性评价要求教师在宽松的环境中,采用发展与动态的眼光来评价教师的职业道德水平,强调教师将现有表现与传统表现进行对比,对不同阶段的教师进行针对性的评价。发展性评价的一个突出特点在于对教师的个体差异是非常关注的,并根据教师的个体差异确定评价标准与评价方式。因此,应该凸显教师在评价中的地位,鼓励教师参与制订评价指标,从而判断教师职业道德评价的具体内容。

终结性评价是一种对教师的职业道德结果的评价,是在教学结束之后,对教师道德水平的实现情况所进行的评价。因此,其又可以称为"总结性评价"。实际上,这意味着对教师某一阶段的情况进行考核,这一阶段的成绩可以成为教师队伍建设的主要参考。更为重要的一点是,教师能够从中看出自身职业道德素质的提高情况,以及他人对自己的评价与接纳,从而鼓励自己更上一层楼。

第八章　教师职业道德的评价

二、教师职业道德评价的方法

(一)定性评价法与定量评价法

在教师职业道德评价过程中,具体的评价方法是多种多样的,总的来说有定量和定性两种方法。定量和定性相结合的原则,在教师职业道德评价中尤为重要。采用定量分析能比较准确地反映客观实际,防止主观性,但也有许多指标很难用数量来表现,特别是关系到人的思想、情感、意志等主观因素,若强求用精确的数字去表示,反而不客观也不科学。

1. 定性评价方法

由于教师职业道德的特殊性,作为评价依据的行为动机、行为效果、行为目的和行为手段等很难进行量化,在这样的情况下可以运用定性的分析方法。

首先,对教师的行为进行描述性的分析,指出其错误所在与危害,制订矫正行为的具体方案,即有针对性地提出改进性意见与建议。

其次,根据教师的不良职业行为在其职业道德品质中所占的地位,就该行为对其职业道德品质的影响程度作定性评估。

最后,对该教师的总体职业道德品质确定一定的等第。应当说明的是,确定教师职业道德水平所达到的具体等第并不总是必要的,如果不是为了评比或奖惩提供依据,可以省略这一环节。

对教师职业道德进行定性分析,其具体方法包括活动观察法、典型行为分析法、座谈(访谈)法、开放式问卷调查法、听课考察法、情景测试法、意见征询法及非正式交流等[①]。

---

① 朱平.高等学校教师职业道德概论[M].合肥:合肥工业大学出版社,2009:177-178.

2. 定量评价方法

除了定性评价,教师的职业道德与职业行为还需要进行定量评价,当然其是基于定性评价的基础上的,分析他们职业行为中的"善行"和"恶行"孰大孰小,孰主孰次,孰重孰轻。一般情况下,量化的过程只有是否科学、是否客观,往往才更有教育意义与说服力。

运用定量方法进行评价的关键在于指标是否细化、指标体系是否明确,各项指标占有的权重的分配是否合理。虽然教师职业道德评价应该遵循全面性原则,但是这并不意味着所有的评价要素都不分重点与非重点,也就是说要分清主次。因此,在进行教师职业道德评价时需要谨慎思考哪些是主要部分,哪些是次要部分。

(二)自我评价法

1. 参照法

参照法是以别人对自己的评价为参照点的评价方法。比如,由于自身的行为符合师德规范,常受到同事、领导、学生及家长的肯定和赞扬,教师就可以通过赞扬的来源、广度和连续性,获知他人对自己的评价是好的、比较好的或很好的;相反,如果听到的多半是同事、领导、学生及家长的批评或不满,那么,就可以推知别人对自己的评价是一般的、不好的或坏的。参照法以别人对自己的评价为一面镜子,从他人对自己的评价中看到自己的形象,为自己分析和评价自己提供基础。

2. 量表自评法

由教师自行设计一张听取意见的表格,主动要求学校领导、同事或学生对自己的师德评出等级,并根据不同的等级所得的分数进行比较,然后得出他人对自己师德修养情况的评价。听取意见表如下(供参考):

第八章　教师职业道德的评价

表8-1　听取意见表

项目	很好	好	一般	较差	差
献身教育					
教书育人					
热爱学生					

3. 水平对比法

水平对比法即通过将学校中与自身条件、地位类似的教师进行比较，来认识自己与他人之间存在的差距，以及他人对自己的评价与他人对其他人的评价的关系。

4. 期望比较法

教师职业道德的评价最终取决于自身的期望，即自我期望。这是因为，只有教师对自身的职业道德水平提升存在期望时，才能够有更好的师德表现。因此，期望比较法是教师职业道德发展的重要方法。

(三)五层次评价法

美国肯塔基大学教授托马斯·R.古斯基以柯克帕特里克四层次培训评估模型为基础，在教师职业道德评价领域对该模型进行了应用与调整，构建了教师职业道德水平发展活动效果评价的五层次评价法，简称"五层次评价法"。这一评价法为全面收集、描述具体职业道德水平发展活动的实际效果提供了理论图式的操作思路，其中五个评价层次既可以联合起来使用，又可以独立使用，能够为实践者全面收集、描述教师职业道德发展活动的实际效果或某方面的实际效果提供切实可行的指导。

1. 基本内容

古斯基认为，教师职业道德水平发展是指增进教育者专业知识、技能和改善教育者态度的过程和活动，包括各种外部培训活动、基于教师工作现场的活动以及个体自主活动等。古斯基的五层次评价法的基本内容如表8-2所示。

表8-2 古斯基五层次评价法

层次	评估内容	要解决的问题	信息收集方法	信息使用
学员反应	学员对于培训经历的初始满意度	1. 他们喜欢（培训安排）吗？ 2. 他们觉得时间安排合理吗？ 3. 培训材料有意义吗？ 4. 活动有用吗？ 5. 培训者知识渊博吗？对学员学习有促进吗？ 6. 点心新鲜可口吗？ 7. 椅子舒服吗？	1. 阶段结束时发放调查问卷 2. 座谈 3. 访谈 4. 个人学习日志	用来改善项目设计和实施
学员学习	学员学到的新知识和新技能	学员习得了期望的知识与技能了吗？	1. 纸笔测试 2. 模拟和演示 3. 学员反思（口头的或书面的） 4. 学员档案袋 5. 案例研究分析	用来改善项目内容、形式和组织
组织支持和变化	组织的提倡、支持、调整、促进和认可	1. 给组织带来什么样的影响？ 2. 它影响了组织的气氛和程序吗？ 3. 实施得到倡导、组织和支持了吗？ 4. 支持公开和明显吗？ 5. 问题得到了快速和有效解决吗？ 6. 可以得到充分的资源吗？ 7. 成功得到了认可和分享吗？	1. 学区和学校记录 2. 后继会议记录 3. 调查问卷 4. 座谈 5. 与学员、学校或学区管理人员的结构式访谈 6. 学员档案袋	1. 用来证明和改善组织支持 2. 为未来工作的改进提供信息

第八章　教师职业道德的评价

续表

层次	评估内容	要解决的问题	信息收集方法	信息使用
学员对新知识和新技能的应用	应用培训所学的程度与质量	学员有效地应用新知识与新技能了吗？	1. 调查问卷 2. 与学员及其导师的结构式访谈 3. 学员反思（口头的或书面的） 4. 学员档案袋 5. 直接观察 6. 录音或录像带	用来证明和改善项目内容的实施
学生学习结果	认知方面（绩效与成就） 情感方面（态度和气质） 身体运动（技能和行为）	1. 对学生有什么影响？ 2. 它影响学生绩效或成就了吗？ 3. 它影响学生身体或情感福利了吗？ 4. 学生成了更加自信的学习者了吗？ 5. 学生出勤率在逐步提高吗？ 6. 辍学率在逐步降低吗？	1. 学生记录 2. 学校记录 3. 调查问卷 4. 与学生、家长、教师和管理人员的结构式访谈 5. 学员档案袋	1. 为了关注和改善项目设计、实施和后继的所有方面 2. 为了证明职业道德发展的全部影响

（1）学员反应。所谓学员反应，顾名思义就是学员对自己所参加的职业道德发展项目是否有兴趣。这方面评估一般包括三大领域：教师职业道德发展的内容问题、过程问题和场景问题。在学员结束一个阶段或一定时期的学习之后，通过发放评价表的形式来收集学员的反应信息。对这些信息进行收集和整理可以得知学员学习过程中发生了什么以及为什么会发生这些，由此为教师职业道德发展活动的改进提供切实的理论指导。

（2）学员学习。对这方面的评估主要是学员通过一定时期的学习之后是否可以带来知识、技能、信念、态度等层面的变化。对这些信息的收集方式是多样的,如案例、评价表、模拟与示范、学习日志、纸笔测量、访谈、反思日志等。

(3)组织的支持和变化。这方面主要是对一些特定的专业活动进行审查,涉及内容如下所示。

第一,组织的政策方面。

第二,组织的资源方面。

第三,组织活动不受干扰方面。

第四,实验的开放性方面。

第五,合作支持方面。

第六,校长支持方面。

第七,高层次管理者的支持与领导。

第八,时间上得到保障。

对上述层面信息的收集方式同样是多种多样的,可以采用记录分析、个人学习记录、问卷、观察、反思日志、访谈、档案袋等。这些信息的收集可以准确记录组织的发展状态,帮助职业道德的发展活动取得重大进步。

(4)学员对新知识和新技能的应用。古斯基认为,"想要取得评价的最终成功,需要面对的挑战有四个方面:其一,使用刚习得的知识与技能展示自身的行为表现;其二,在对相应的行为指标进行确定时,必须明确所习得的知识与技能在表现层面上的量(应用的频率和规律)与质(应用的恰当性与充分性)的维度;其三,确保应用新技能、新知识的时间是充分和满足的;其四,应用新习得知识与技能的环境必须是适应的。"对这方面评价的目的主要在于审核学员是否可以将自己刚习得的知识与技能运用到实践中去,或者通过学习新知识和技能是否可以改变自身的教学理念。

(5)学生学习结果。展开教师职业道德发展活动的最终目的就是学生的学习。对这方面评估主要是审查学员通过改变自身的行为而对学生所带来的多种营销。也就是说,教师通过参与职业道德发展活动之后是否可以为学生的学习带来具体的、正面的影响,能够让学生受益,能提高学生的学习成绩。同时,教师职业道德发展活动之后能否改变学生的学习行为,能否改变学生的学习态度、学习观念等,这些都是需要评估的内容。

上述五个层次都代表了评价过程中一个独一无二的维度,都提供了重要信息。它们由简单到复杂,后一个层次的建立都以前一个层次为基础。

2. 评价特点

古斯基的五层次教师评价法的主要特点是与柯克帕特里克的四层次培训评估模型相比较而得来,具体体现为以下两点。

(1)增加了"组织支持和变化"这一层次

古斯基通过大量的研究,在总结了柯克帕特里克的四层次培训评估模型基础上,又新增加了一个层次:组织支持与变化,这与柯克帕特里克所提出的评估模型是明显不同的。之所以增加这一层次,古斯基认为有如下两点原因。

第一,任何专业方面的发展想要取得成功都离不开系统方法的支持,更离不开个人以及组织等多个层面的协同合作。除非强调各个因素之间的相互作用与支持,同时突出个人与组织的变化,否则其中一个因素取得成绩之后往往就会被另外一个因素中所出现的问题所掩盖。对这方面信息的收集,可以有效记录组织的变化状态,有助于人们表述可能导致职业道德发展活动没有取得成功的原因。

第二,组织对教师职业道德发展的各个要素都会产生或多或少的影响,其中具有重要作用的就是组织文化。每一所学校在自身所处的区域位置、发展过程中形成了自身的独特文化,只有适应学校独特文化的改革才能取得令人满意的成果。

根据上述原因,古斯基提出,对于教师的职业道德发展评价而言,必须要充分分析和了解教师所在的学校以及学区组织的文化内容,这是十分必要的。因为学校、学区的文化在很大程度上影响着教师职业道德发展的质量,有时候还会对教师职业道德发展活动的成败带来决定性影响。因此,在构建教师职业道德发展的评价工具时,需要对影响教师专业发展的因素进行全方位的分析和衡量,通过分析这些影响因素来开发、设置评价框架和工具,如此才能对教师职业道德发展的结果进行客观、准确、全面的描述。

(2)对"结果"进行了具体化——"学生学习结果"

柯克帕特里克的评估模型针对的主要是工商业人力资源培训的评估,因而该模型中的第四个层次"结果"往往指的是企业的绩效,如提高劳动生产率、降低成本、减少事故、提升士气等。对于教师职业道德发展的评价而言,最终目的在于有效改善学生的学习水平,所以学生的学习结果自然就成为教师职业道德发展评价的最终目标。基于此,古斯基就将"结果"改为"学生的学习结果"。可见,古斯基提出的"学生学习结果"这一层次与教育特点是相符合的。

(四)综合性评价法

综合性教师评价法多以美国著名教育评价专家斯塔弗毕姆及其同事于20世纪60年代末、70年代初确立起来的CIPP评价法为基础,同时综合运用泰勒评价法以及柯克帕特里克四层次评估模型中的有关原理而形成的。在我国有关教师培训活动或教师职业道德发展活动评估中,采用这一方法的学者或实践者较多。本节就对这一评价法进行介绍。

1. 理论基础

关于泰勒的目标行为评价法和柯克帕特里克的四层次培训评估模型前面已有所论述,这里仅简要介绍斯塔弗毕姆等提出的CIPP评价法。在这种方法中,评价被理解成"提供有用资料以做决定的过程"。就一项方案的执行而言,大致需要四种决定:规划性决定,即指向确定方案目标的决定;结构性决定,即指向修改方案或比较方案优劣的决定;实施性决定,即指向方案具体实施的决定;考核性决定,即指向判断方案最终实施结果的决定。对应四种决定的是四种方案评价,即背景评价、输入评价、过程评价和成果评价。取这四种评价的英文首字目,即形成所谓 CIPP 评价法。

(1)背景评价

所谓背景评价,即对方案的背景、目标的依据所展开的评价。这种评价的功能主要体现在方案场所的确定与实施、目标与方针的建立。评价的具体内容如下所示。

特殊情况中是否存在一些特殊的需求?

特殊需求是否具有非常重要的特性?

这些特殊需求的满足需要克服什么样的困难?

满足这些特殊需求的方式有哪些?

方案的目标反映这些需求的程度如何?

怎样调整方案目标以真正满足特定需求?

其方法包括系统分析、调查、文件探讨、听证会、访谈、诊断性测验等。

(2)输入评价

输入评价指的是针对能够完成目标的一些方案进行考察,明确这些方案所具有的优点与缺点。这种评价的功能就在于从众多的方案中选出一种最佳的方案,从而避免将大量的人力、财力、物力浪费在一种不适合的方案中。其主要内容如下所示。

众多方案中,哪一种方案的人员、程序、经费方面的设计与目标的实现更加符合?

除了被一致认同的方案之外,还有哪些方案是可以替代的?

为什么会选择当前的这一方案?

这一方案的策略如何设计与实施?

这一方案的经费以及实施过程如何安排?

主要方法包括:将现有的人力、物力、解决策略及程序设计列出清单,并分析其适切性、有效性及经济性;考察几种有关可供选择的方案的文献;考察获得成功的类似方案;采用小型试验室的方法,选出最佳实施策略。

(3)过程评价

所谓过程评价,即对已经确定的方案所实施的具体评价。这种评价的功能主要是为了有效改善方案的程序以及设计,为研究者提供一份真实的方案实施过程的记录,从而为以后提供理论参考。其主要内容如下所示。

方案的实施过程如何安排?
是否按照原来的计划实施与安排方案?
方案的有效资源是否得到了充分利用?
方案的具体执行情况是怎样的?
方案需要修正的理由是什么?
方案参与者在实践过程中的角色是否得到了充分发挥?
方案在具体实施过程中与原计划存在哪些出入?
在实施方案的过程中经费是如何支出的?
方案的参与人员以及评价人员对方案的整体评价是怎样的?

其主要方法包括:追踪活动中可能出现、存在的障碍,并对意料之外的障碍保持警觉;描述方案实施的真实过程;与方案工作人员不断沟通并观察他们的活动。

(4)成果评价

所谓成果评价,即对一个方案实施之后所取得成果的测量、判断、阐述。这种评价的功能在于明确方案符合目标需求的程度,考察方案的最终效果,其中不仅包括预期效果,而且还包括非预期效果,以及正面的和非正面的效果。主要内容如下所示。

方案实施与结束之后是否满足了预期的目标?
方案实施之后产生的预期效果有哪些?
方案实施之后产生的非预期效果有哪些?
方案实施之后产生的正面效果有哪些?

方案实施之后产生的负面效果有哪些？

方案参与人员对方案的最终结果作出什么样的判断？

方案实施者的受益程度如何？

方案的结果信息与方案的背景、输入、过程的信息有着怎样的联系？

其主要方法包括：对结果的标准给出一个操作性定义并对之进行测量；收集与方案有关的各种人员对结果的判断；对结果进行质与量的分析。

2. 案例分析

下面以周慧在骨干教师培训活动评估中所构建的评估框架为例，来对综合性教师评价法的特点与问题进行分析。

(1) 评价的对象与内容

2006年，周慧对两个培训机构的骨干教师培训活动进行了评估。一个是某市教育学院二级学院（以下简称A单位）76名小学教师的培训任务；另一个单位是该市某高职院校的教育学院（以下简称B单位）88名骨干教师的培训活动。她对骨干教师培训活动进行评价的目的是为了了解培训活动实施的真实过程，了解学员对此培训组织管理的评价，了解培训促进教师职业道德发展的实际效果。因此，她对两个单位骨干教师培训活动的准备工作、培训实施与管理过程、培训任务与效果、目标完成情况进行了全程动态追踪评估。

(2) 评价的理论与框架

周慧的培训评估框架以CIPP评价法为基础，同时吸收了柯式评价法中的有关内容。例如，她的评估框架中对学员学习效果的评价更多采用了柯式反应层、学习层和绩效层的评价，但她同时认为柯式评价法中行为层和绩效层的评估对于骨干教师培训活动的评估而言难度较大，因为影响骨干教师培训后工作行为的因素过于复杂，很难区分哪些工作行为的改变是由于培训引起；而绩效层关于教育培训活动对于组织整体发展的影响由于见效时间长、需要学校等的协助而致使评估难度较大。周慧在批判分析有关理论与实践的基础上,构建了一个骨干教师培训活动评估体系,如表 8-3 所示。

表 8-3　骨干教师培训活动评估体系

评估维度	骨干教师培训活动评估内容指标			评估方式
评估培训机构组织的培训活动	培训前	培训需求调查	选送单位任务关系	检查需要调查报告和培训任务分析文本
			培训学员需求分析	
		培训目标	与培训任务、学员需求匹配度	检查培训方案文本
			目标分解明晰、可操作性	
		培训方案设计	与培训任务、学员需求匹配度	检查培训方案文本
			与目标的一致性	
	培训中	学员评价培训活动	培训课程满意度的评价	问卷调查　访谈检查课堂教学评价反馈表的填写
			培训教师满意度的评价	
			培训形式满意度的评价	
		学员评价过程管理	对培训方案(课程、教师等)的调整的评价	问卷调查　访谈检查培训方案的落实情况
			培训过程中信息反馈的处理和调整效果的评价	
	培训后	培训目标实现	培训活动预期目标的实现情况	统计学员专业成长物化成果、与方案目标比较
		培训任务完成	骨干教师专题学习任务完成情况	调查学员任务完成情况　选送单位评估示范任务完成情况
			骨干辐射示范任务完成情况	
		培训效果确认	骨干教师评价培训内容的应用效果	问卷调查、访谈

第八章　教师职业道德的评价

续表

评估维度	骨干教师培训活动评估内容指标		评估方式
评估学员的学习参与	参与学习	到课率	考勤、观察 学员自评问卷调查 访谈学员和教师
		参与培训学习情况	
	知识技能掌握	培训专题知识、技能掌握情况	培训专题知识考试、测试 技能操作、实践活动体验 检查反思日记
		专题学习课后作业完成情况	
	作业任务完成	科研任务的完成情况	分析、检查学员档案资料袋 问卷调查

可以看出，上述骨干教师培训评估体系，强调对培训机构所组织活动的过程评估和对学员的学习评估，多主体参与评估的方式推动了骨干教师主动参与学习，督促其回到工作岗位后发挥辐射与示范作用，带动广大教师专业素养的提升，实现培训活动质量的提升。

（3）优点与不足

就优点而言，上述综合性教师评价法能够全面收集培训的准备、组织、实施和效果的信息。但其不足也十分明显，主要表现为以下两点。

第一，将培训的"教"与学员的"学"割裂开来。在上述综合性教师职业道德发展评价模型中，周慧从"培训机构组织的培训活动"和"学员的学习参与"两个维度来评价培训活动，在"培训后"又从"培训目标实现""培训任务完成"和"培训效果确认"三个指标来评价培训机构组织的培训活动。要对这三个指标进行评价，哪个也离不开收集学员学习参与和学习成果的信息，"学员的学习参与"充其量只是考评培训效果的一个指标。把施训方的培训组织活动和受训方的学习情况分裂开来,实质上是把培训的"教"与学员的"学"割裂开来。培训的"教"是为了学员的"学","教"是手段,"学"是目的,学员的"学"是考察培训"教"的效果的主要指标,通过收集"学"得如何的指标从而改进培训的"教",所以应该把"教"与"学"放在培训活动的有效性这一大的维度下综合去考量。

第二,评估指标的划分不一。上述方案把培训评估分为前期、中期和后期三个部分,其中培训前和培训后的内容指标是按照培训内容来划分的。而培训中的内容指标则是按照学员反应的内容来划分的,如"学员评价培训活动"和"学员评价过程管理",这种划分问题在于对培训机构自身以及第三方对培训活动和过程管理的评价重视不够。同时,这与培训前和培训后的内容指标的划分也不一致。故应该从培训计划的有效性、培训实施的有效性和培训效果三个维度来构架培训活动评价的内容指标,其中不同维度的内容指标的划分依据应尽量一致。

(五)实践式教师评价法

实践的教师评价法是美国学者马克·A. 泰木普林和罗斯·保木保夫在评价科学教师职业道德发展项目的效果时所使用的一种评价法,称为实践式教师评价法。

1. 基本思想

实践式评价法在看待教师职业道德发展工作时,主要把教师职业道德发展工作看成一个不同作用者间(包括教师职业道德发展的促进者、参训者等)的协商性行动与权力关系的联合。因此,在这种评价法中,评价者把对职业道德发展方案质量的评价视作两个相互联系的评价问题。第一,参训者在协商性行动中的实际参与是什么?第二,不同作用者间的权力关系是支持还是阻碍了参训者的实际参与?也就是说,在这种评价法中,评价者的重点是要理解参训者在协商项目参与中所采取的实际参与行动,以及促进或限制这些参与行动的权力关系。

实践式评价法重视预设目标的价值,但并不意味着这些目标神圣不可侵犯。在职业道德发展的作用者通过合作使具体目标适应地方状况的过程中,预设的目标仅仅提供了方向与指导。尽管同一职业道德发展项目的作用者不同,然而满足地方需要的反思性实践总是可以回溯到预设的目标。在实践的评价法中,重视具体情境的价值,同时对教师职业道德发展活动的促进者与他们之间的权力关系保持深深的警醒,这种方法受到了批判主义哲学的深刻影响。

2. 案例分析

泰木普林和保木保夫在(Global Learning and Observations to Benefit the Environment,GLOBE)项目评价中采用了实践的评价法。为了使教师更好地为实施该项目做好准备,该项目给教师提供了一些旨在帮助其实施与课程改革目标相一致的科学教学职业道德发展机会。通过该培训的教师将获得 GLOBE 教师资质。

以俄亥俄大克利夫兰区 2000—2001 学年以及 2001—2002 学年的 GLOBE 项目为例,前后有两批各约 44 位教师参加了为期 5 天的集中培训。参训教师每天进行大约 8 小时的课堂学习和现场(field-site)体验。同时,研讨班每天还有计划地留出小组分享与反思的时间。在研讨班中还安排了校本规划的时间,以让每位学员思考回到工作岗位后如何在本校实施 GLOBE 项目。

(1)评价框架

该项目的评价框架以 J. A. 秀波维茨(J. A. Supovitz)和 H. M. 特纳(H. M. Turner)提出的高质量的科学教师专业活动的形式为基础,这些形式具体如下。

第一,让参与者在探究、质疑与实验中体验探究式教学,即让参与者在探究式教学中学会探究式教学。

第二,给参与者提供集中的、持续的发展。

第三,使参与者参与具体的教学任务,这些任务以教师有关学生的经验为基础。

第四,使参与者把关注点放在学科知识的学习与内容技能的提高上。

第五,以一套共同的职业道德发展标准为基础,帮助参与者明白自己与学生如何做才能达到表现标准。

第六,帮助参与者与学校变革的其他方面建立起联系。

(2)评价方法

评价者通过以下六种方法收集定量与定性的数据。

第一,在研讨班的最后一天,要求参与者完成 GLOBE 所提供的一个广泛的数据收集与任务分析的调查。要求参与者评价他们在每个 GLOBE 主题内容上的准备程度;实施多样化的数据收集以及对分析性任务的程度进行评分;同时要求参与者为他们准备实施 GLOBE 学习活动与利用规定网站的可能性进行评分,还要求参与者提供关于研讨班各方面质量的反馈,并提出适当的改进建议。

第二,外部评价者在每个研讨班的最后一天亲临培训活动现场,与参与者进行互动,并就互动情况做好记录。评价者尤其要引导参与者讨论研讨班如何改变了他们接下来这一学年的科学教学计划,以及研讨班的各种活动对他们自身及其学生的价值等。

第三,在研讨班结束后的下一个学年的 2 月底,项目评价者要收集来自参与学校的网上数据。这些数据可以作为 GLOBE 主题内容实施情况的测量指标。

第四,参与者在研讨班结束后的下一学年 2 月要完成邮寄的调查问卷。调查问卷中的问题聚焦网上数据无法反映的那些参与形式,如所教授的 GLOBE 学习活动,所教授的五个主题的有关内容,课堂日志或学生日志中所收集与记录的数据,学生所尝试的研究项目等。

第五,在每个研讨班结束后的下一学年的 1 月,外部评价者对大约一半的参与者学校进行现场访问。在现场调查期间,评价者到参与 GLOBE 研讨班的教师所在的学校与课堂中,记录相关证据。

第六,GLOBE 项目给培训者提供了广泛的材料与指导。

(3)评价结果

根据对数据的初步测验,泰木普林指出了与各个协商性议题上的参与类型相连的数据情况。然后,他提出了许多实验断言试图解释该方法,并随后根据已有数据汇编检验每个断言,寻找肯定的与否定的证据。通过这样一个过程,泰木普林不断修订其观点和结论,以更好地反映每个协商性问题中的参与类型。最后,他对每种促进者行动进行了批判性反思。

(4)优点与不足

实践评价法的评价重点是理解实际的教师职业道德发展活动的行动形式,并对行动形式与实践之间的一致性,以及影响一致性的权力关系等进行批判性反思。通过这种评价法收集到的评价信息不仅能够反映参训教师在教师职业道德发展活动实施过程中与实施结束后的实际参与情况,而且能够从培训教师、参训教师与学校管理者之间权力关系的视角去解释支持或阻碍参训教师实际参与培训与应用培训所学的因素。这一评价法与五层次教师职业道德发展评价法和综合性评价法相比,在收集到的信息的范围上稍显不足。

总之,教师职业道德评价关系到教师的成长、学校的建设和未来教育的发展。因此,建立系统、科学和规范的教师职业道德评价体系势在必行。要建立多层面、全方位和立体式的评价方式,使评价成为教师、管理者、学生以及社会共同参与的交互行为。

第九章　新时期教师职业道德构建的前景展望

教育对于一个国家和民族的意义毋庸置疑,教育的关键因素之一在于教师的素质,尤其是教师的师德素质。教师是一个古老的职业,师德是一个古老的话题,师德理论的发展历史也是源远流长。当前,我国正在深化教育体制改革,各个方面、不同层次的教育改革举措不断推出,以期解决我国教育现实中的诸多问题,使我国各层次的教育水平不断提升,使我国的教育更加科学、有效。虽然师德看似是一个老生常谈的话题,但是其仍然是今天教育改革的核心问题,教师职业道德的构建关系到我国教育、文化以及道德的发展,也关系到我国民族复兴的大计。

第一节　历史发展中教师职业道德建设的继承和借鉴

纵观历史,我国教师职业道德建设在发展过程中积累了丰富的经验,也取得了令人瞩目的成果。因此,为了更好地推进当前我国教师职业道德建设的进程,我们有必要继承历史发展中教师职业道德建设所积累的经验,同时借鉴国外教师职业道德建设的理论与实践内容,为我国教师职业道德建设更好地发展提供动力。本节首先来阐述中国历史发展中的职业道德建设内容,进而研究国外教师职业道德建设的经验。

第九章 新时期教师职业道德构建的前景展望

一、历史发展中教师职业道德建设的继承

(一)古代社会的教师职业道德

我国一直处于封闭经济的农耕社会,从狩猎经济时代开始一直到鸦片战争,这一时期称为我国的古代社会,受到农耕经济的影响,我国古代教师在身份、培育以及任用等方面都具有独特的传承性。

人类处于原始社会的时间比较长,经历了百年之久,这一阶段,人类的生产力处于最低水平,人们基本都是依靠最原始的劳动工具来进行生产劳动,生产技术的方式主要以体力为主,原始的生产方式使得人们要联合起来共同行动,共同狩猎、采摘,合则就无法生存。

在劳动的过程中,一些具有生产经验的年长者就会有意识、有步骤地将制造和使用劳动工具的方法与技能以及生产知识、生活经验、风俗习惯、行为准则等传给年轻一代。一些年老不能外出参与劳动的人,会在家看守孩子,承担了教育者的角色。

到原始社会后期,人们无法解释很多自然现象,开始出现了迷信风潮,有了巫师,给族群占卜预知祸福,替人消灾减难,成为宗教的传播者和执行者。慢慢地,巫师脱离了生产劳动而专职从事迷信活动,成为脱离具体劳动生产的原始教师,平时以巫术为生,培养弟子只是兼职。

社会发展到奴隶社会,生产力水平得到进一步提高,出现阶级分化以及文字,学校应运而生,制定了学在官府、官师合一的教育制度。发展到西周时期,官学体系不断完善,一些有学问的政府官吏就成为学校里的教师。在官学中设有专门教育官,有大师、小师,官师属于兼职老师,除了教学,还要担任官吏。政教合一、官师一体的教育体制从奴隶社会一直延续到封建社会。

秦的统一标志着我国历史进入了封建中央集权社会,为了加

强统治,秦朝实施以法治国,以吏为师,官师合一。

汉代以后,官学中设立博士、祭酒、助教、直讲、典学,聘请德才兼备的教师,从事的是教育工作,但是以官员身份自居。

唐代,是我国封建社会时期教育体制最完备的时期,教师具有鲜明的等级划分,形成官、道、师三位一体的格局。这些教师同样也具有两重身份,一种是学校教师,另一种是政府官员,教师职位的大小和他们在政府中职位的高低相关,越是官职高的人,学识就越是渊博,越受到尊敬。

我国古代一直处于农耕经济为主导的农业社会,这一时期生产劳动都靠手工劳作,人类基本就是靠天吃饭,生产劳动的技能基本都是在劳动现场直接进行动作的示范和矫正,并不需要进行专门的劳动力培养和训练。

在这种经济结构中以土地为主,地主阶层占有土地,而农民阶层靠劳动为生,他们之间天然就存在着不平等的关系,社会统治阶级都希望能够维持这种不平等的关系,巩固自己的利益,实现专政的同时,诉诸教育促进教化。

"师"最早出现于夏朝,但是当时不是教师的意思,而是指军士官,任务是管理国家的军事事务,统帅军队,帮助君王征讨四方。随着社会生产的进步,师的任务发生了变化,变成了兼管教育的官师,官师一边担任官吏,一边负责教学。学校教育自夏朝以来就已经出现,但是夏、商、西周都没有专门的教师。

春秋时期,社会一直处于动荡的状态,官学废弃、私学兴起,奴隶主贵族已经不再享有文化教育的特权,学在官府的格局被打破,之前接受过"六艺"教育的没落贵族子弟等"文化人"流落民间,组成了一个新的社会阶层——士阶层。

士阶层具有一定的文化知识和技能,把自己的文化和学识作为谋生的手段,是当时社会上最为活跃的群体。他们四处游说于各诸侯国,寻求进身之阶和生存的空间,同时还招揽弟子,聚众讲学,率先成为私学中的教师。

他们将"书"和"器"引入民间,成为私立教育中的教材和教具,这些流亡到民间的"文化官员"就成为以教育为谋生手段的专职教师的前身。秦统一六国以后,建立了中央集权制的国家,实行"以法为教""以吏为师"的文教政策,特别是"焚书坑儒"以后,私立教师的数量锐减,学校几乎都是"以吏为师"。

到了汉初,为了安抚历经战争的民众,实行"休养生息"的政策,鼓励文教事业发展,恢复私学和官学,两种教育都呈现出繁荣的景象,教师的来源更加多元化,主要是退休官员或私学中培养出来的读书人。

魏晋南北朝时期,社会又一次动荡不安,教育几乎处于停滞状态,由于官学废弃,读书人基本只能向私学求助,教师主要由厌恶官场的读书人构成。由于社会不稳定,很多读书人也不愿意走仕途,选择安心教书。此时,私学一直不断发展,教师的来源也相对稳定。

隋唐以后,诞生了科举制度,教师的来源又多了科举落第的知识分子,他们考试失败后转而创办私学,担当私学教师。

两宋到元明清时期,教师的来源基本都是科举落第的知识分子。

在整个古代时期,都没有将教学看作是一门职业,也没有出现针对教师的训练。在古代,教育的内容比较单一,传授的知识也有限,能够接受到学校教育的人并不多,人们对教师的需求无论是数量还是质量都不多,教师的知识和技能也是通过教师自己在教育实践中模仿和学习前辈的经验而获得。

因此,在古代没有针对教师专门的培训和教育,儒家一些经典包含丰富的教育理论知识,论述了教育的目的、作用、内容等,是中国最早的教育学,但是这些思想都包含在其他学问之中,没有针对教师专门的培养。

对教师的任用,主要包括教师任用的条件和任用方式,尽管选拔和任用教师的条件因时代背景不同而有所变化,但是基本上都是围绕教师的"德"与"才"两个方面展开。

由于古代教师没有完全从官僚集团、教士阶层以及其他知识群体中分化出来成为一门独立的职业,因此教师的任用方式主要表现为教师的任用与官吏的任用相结合。

中国古代夏、商、周时期,学在官府,官师不分,教育机构与行政机构官师合为一体,在职官员或辞职退休的官员兼任教师。秦朝统一六国以后,政教合一,在朝为官者兼职教师,任用教师的过程和其他官吏没有任何区别。两汉时期,博士这个官职才正式转变为教师的角色,统治者主要采取推荐的方式聘用博士,到魏晋时期官吏的选拔方式是九品中正制,官学教师也采用这种方式选拔。之后,官学教师一直都是由官府直接任命。

私学教师的任命比较简单,主要是私立学校直接聘用,只有一部分层级比较高的私立学校的教师才由官府来选拔任命。先秦以后,我国就存在官学与私学并存的局面,随着社会主流价值观的变化,教师的任用条件和任用方式也在发生着变化,但是无论是公立学校还是私立学校,对教师的要求都强调"德"与"才"。

(二)近代社会的教师职业道德

1. 专职教师

19世纪末20世纪初,我国才出现了制度化的教师职业,鸦片战争以来,清廷洋务派开展了一场洋务运动,目的是为了"自强""求富",但是洋务运动没能将中国人民拯救出来。甲午战争失败后,中国出现了空前的民族危机,救亡图存成为中国人亟待解决的问题。

资产阶级维新派开始倡导"开民智"的维新教育,希望通过普遍设学,大规模办学来提升整个民族的素质,基础教育的规模不断扩大,从小规模逐渐转向了大规模教育,对师资力量产生了巨大的需求量,师范教育应运而生。

一种新的师资培养方式应运而生,直接影响到教师的职业发展道路,后来师范教育被正式确立下来,师范学校的毕业生成为各类学校教师的主要来源,教师职业正式进入制度化的发展

第九章　新时期教师职业道德构建的前景展望

阶段。

伴随中华人民共和国的成立以及其后的社会主义改造完成，学校也完成了单位制度的重建，成为国家机构中的一个重要组成部分，在学校工作的教师，享有国家公职人员一样的政治待遇和经济待遇，教师是工人阶级的一部分，同其他各项建设工作一样都是革命工作。

由于教师被视为国家干部，教师从自由职业者变为社会的代言人，必须无条件服从组织的调配，个人失去了流动的自主性，从就职到离职，几乎不可能离开原有的工作单位，学校就是教师的家，解决了教师的工资、住房等收入福利待遇，还为教师提供了政治身份和学术身份，保证了教师队伍的稳定性。

2. 师范教育

我国师范教育开始于清末盛宣怀创立的南洋公学师范馆，1902年清廷洋务派创办高等师范——京师大学堂师范馆，标志着我国高等师范教育正式诞生。《钦定学堂章程》的提出构建了师范教育体系。

1904年初，按照日本模式制定的《奏定学堂章程》，对师范教育章程进行了修订，师范教育进行了明确的规定，分为优等师范学堂和初级师范学堂，和其他教育机构相独立。

1912年，师范教育改变原来以日本为师的价值取向，谋求多元化发展道路，将师范教育分为师范学校和高等师范学校，制定了《壬子癸丑学制》。之后，教育部将全国划分为六个高等师范区，每个师范区都建设一所高等师范学校，每所高等师范学校的校长不仅要管理好本校校务，还要兼管这个地区的中等教育，推动了中国师范教育的近代化进程。

第一次世界大战以后，欧美国家兴起的"进步主义教育"运动，发起了一场全球性的教育改革，这场运动也影响到了中国教育的发展，大批留美的学生返回国内，将美国的教育思想和教育体制传播到国内，对中国的师范教育产生了深刻影响。

1922年，改变了之前独立设置的师范教育体制，授予普通大学中等教育师资教育权，发起了"高师改大""师中合并"的运动，普通大学与独立设置的师范学院共同承担中等师资的培养任务，这种制度一直延续到中华人民共和国成立。

中华人民共和国成立之初，针对教育的改革以苏联为模板进行构建，对师范学院的教学进行了规定，每个大行政区至少建立一所健全的师范学院，各省和大城市也应当设置师范专科学校；整顿巩固原来独立设置的师范学院；独立设置教育学院，增设数理科系；成立独立的师范学院。我国高等师范院校基本都是独立设置，大体上形成了"定向型"教师教育体系。

3. 制度化任用方式

教师任用制度化分为两种，教师资格认证制度化和教师任用方式制度化。

(1) 教师资格认证制度化

我国的教师资格认证始于清末，将教师分为正教员和副教员两类，要获得这一职位需要具备相应的学历和资格。自中华民国成立到中华人民共和国成立期间，我国政局不稳，教师的资格认证没有形成完整的制度体系。

新中国成立后，开始着重发展教育事业，这就需要大量的教师，师范毕业生供不应求，没有对教师进行专业资格认证。但是这不等于对教师职务没有要求，根据职务的相关规定，教师任职需要满足政治上和职业道德要求，另外对低一级职务的任职时间和工作业绩也有具体的要求。

(2) 教师任用方式制度化

我国正式教师任用制度开始于清末民初，清末时期，教师通过地方教育行政部门将师范学堂毕业生直接分配到学校任教。民国初期，初等和高等学校教员由县署委派。1929年起，教师聘用开始实行校长聘请制，校长直接聘用合格的教师，再报县教育局备案。1934年，校长提名填写教员简历表报请主管机关批准，

第九章　新时期教师职业道德构建的前景展望

实行聘用期,期限为一学期,可以连聘连任。

新中国成立后,教师任用实行任命制。1956年,下放教师管理权限,县文教科调配中小学教师。1958年,小学民办教师交由各公社管理任用,县文教局备案。1968年,县革命委员会政工组统一调配中小学公办教师。1972年,公办教师实行县、社两级管理任用。1981年,考试审查县民办教师,合格者办理法定任用证书,不称职者脱离教师队伍。这样的教师任命方式,用人单位和师范毕业生都没有自主权,权力高度集中,教师职业较为稳定,保证了教师为我国社会发展建设培养大批人才的职责。

(三)当代社会的教师职业道德

1. 专业化

我国从20世纪80年代后期开始推进教师专业化教育制度改革,1985年,教育改革与发展将重点关注解决中小学的师资问题,教育改革的一项重要举措就是推动中小学教师的专业发展。1986年,将教师列入"专业技术人员"类别中。2000年,教育部颁布《教师资格条例实施办法》,促进了教师的专业化发展,保证了教师的专业人员地位,实施教师资格制度,推动了教师专业发展,展现了教师的专业性。

2010年,我国推出《国家中长期教育改革和发展规划纲要(2010—2020年)》,教师是具有专业性的,对教师的资质要严格审核,提高教师队伍的整体素质,努力造就一支高素质、专业化的教师队伍。教师不仅具有专业身份,还具有公职人员的身份,将普及义务教育看作是国家的事业,对义务教育的管理当作是一种政府行为,用国税收入来支付教师的工资,公立学校的教师由国家付薪并保证各种福利待遇,总之,无论教师被赋予了什么身份,其作为一种专门职业的根本属性没有改变。

2. 培养模式转型

我国制度化的师范教育已经走过一个多世纪的历程,封闭的教师教育体系推动了我国基础教育的发展,随着经济的发展,我国基础教育师资供求关系也发生了巨大变化,对教师的需求已经不仅仅局限于数量上的满足,而转向对质量的保障,我国的教师教育体系从封闭逐渐走向了开放。

1999年,我国大范围调整了师范院校的层次和布局,鼓励综合性高等学校和非师范类高等学校参与培养、培训中小学教师的工作,尝试在综合性高等学校中试办师范学院。突破了原先师范院校教师培养一统天下的局面,我国教师教育体系逐渐走向开放,对原先的高师院校来说,教师教育逐渐丧失了国家政策的"保护领地",为了能在高等教育体系中占有一定的地位,高师院校需要进行转型改革。

2001年,第一次提出"教师教育"的概念,代替了长期使用的"师范教育",很多非师范学校纷纷参与教师教育,形成了高校共同参与、培养培训相衔接的开放的教师教育体系。

培养模式上,我国一直以来都实行共时性培养,满足我国教育发展的同时也存在一定的问题,一些院校学习和借鉴欧美等国的"A+X"模式,将学科教育与专业教育分离开,师范类学生先在专业院系接受A年的学科教育,获得学士学位,再分流到教育学院接受"X"阶段的教育教学理论和实践的培养。

3. 教师任用转型

(1)认证条件

1993年,我国颁布《中华人民共和国教师法》,对教师的资格进行了明确的规定。1995年,通过的《中华人民共和国教育法》,首次以国家法律的形式明确规定了国家实行教师资格制度,对教师的考核、奖励、培养和培训进行了要求,加强了教师队伍的建设。2000年,颁布《教师资格条例实施办法》,规定了教师资格制度的性质、地位以及其他细则,从法律上保证了教师资格制度在我国的全面实施。2001年,全国教师资格认定工作首次进入实际操作阶段。2010年,启动教师资格准入制度改革试点,实行教师

第九章　新时期教师职业道德构建的前景展望

资格考试,制定教师资格定期登记制度,构建完善的教师资格准入制度和管理体制。

(2)教师聘用

我国实行教师聘任制度,《教师法》中对我国教师任用进行了深入的制度化和规范化,由学校和教师签订聘任合同,在聘任过程中,根据国家有关规定和学校教学科研需要,学校或教育行政部门可以自主确定教师的结构比例。受聘教师也可以根据自己的知识水平、业务能力选择适合自己的职位。

聘任双方都是独立的个体,以"平等自愿、双向选择"为原则,签订聘任合同,以聘书的形式规定了双方的权利、义务和责任,如果要变动,需要提前和当事人商量,意见达到一致后可以变更或解除聘任合同。

教师聘任制度突破了传统的教师任用终身制度,有助于教师合理流动,调整教师队伍的人才和结构的不合理分布,实现人尽其才,才尽其用,创建更加公平、公正的竞争环境,激发教师进行教学和研究的热情,保证教师队伍朝着高素质的建设方向发展。

二、国外教师职业道德建设经验的借鉴

为了更好地推进我国教师职业道德建设持续发展,我们必须要借鉴世界各国教师职业道德建设的经验,从中汲取精华,去其糟粕。

(一)各国教师职业道德建设中教育课程改革情况

随着社会的发展和教育的变革,教师教育的地位越来越凸显。因此,各国都不断进行教师教育课程改革,以培养与社会发展相适应的高质量的师资。在此,主要介绍发达国家的教师教育课程改革,并从中吸取和借鉴教师教育课程改革的经验。

1. 改革的动因

从世界教师教育课程改革的历程来看,发达国家的教师教育

发生了多次课程改革运动。这些课程改革都是各种因素相互影响的结果。一般来说,有三种动因会引起改革:改革的产生可能由于要补救一个教育体系在发挥功能时所发生的弊端和缺点,而这些弊端和缺点是必然会在经验中产生的。当前的需求促使我们感觉到这些弊端和缺点。

(1)政治动因。课程是实施社会控制的一种中介,国家的经济、文化、科技发展的需要和意识形态的控制往往渗透其中。纵观课程的发展史,我们可以看到国家统治阶级培养统治人才以实现社会控制,保证其意识形态和价值观的再生产是课程产生和发展的最主要社会动因。政治力量通过政策牵引着教师教育课程改革,已经成为一种世界性的现象。自20世纪80年代以来,发达国家为了在瞬息万变的世界里保持领先的地位,对教师教育给予了前所未有的重视。各国政府通过颁布相关战略、法律、法规等形式,来保证教育改革尤其是教师教育及其课程改革的顺利实施。最近二十多年来,发达国家也公布了一系列教育改革文件。

这些政策与文件都是由最高决策层以立法形式发布的教育改革指导性文件,这些政策与文件的重点是加强基础教育,加强与基础教育密切相关的教师教育及其课程改革。这些文件的实施,直接推动了教育改革的深入进行,也是政治因素影响教师教育课程改革最好的佐证。

(2)经济动因。从课程的表现形式及标准的历史变迁过程来看,课程从来就是一定经济制度的"产物"。社会生产力、科学技术的发展水平及需要对学校课程的学科门类、课程内容、教材版本到课程计划等方面构成了绝对意义上的客观性制约因素。从总体上讲,课程的产生和发展是伴随着科学技术和生产力发展同步进行的。作为课程内容的具体化表现形式——知识,无论就其广度、深度、复杂性而言,还是从对其价值取向的选择上看,都是随着科技进步及经济发展的需要而逐步深化、丰富和转换的。科技和生产力不仅为课程的发展提供客观性的媒介条件,同时也对课程内容的选择提出相应的要求及相应的依据,并且最终制约着政治经济制度对课程规划标准及管理、控制的内容、方向,成为课程发展的最终推动力量。

20世纪90年代以来,随着经济全球化的推进,国际竞争重点转向了经济科技领域,依靠科技进步和人才来提高竞争力已成为各国在全球经济舞台角逐制胜的关键。美国、英国、日本、德国等发达国家为了保持其竞争力在国际上的领先地位,成为世界上最具竞争力的国家,不断进行教育改革,强化教育在国家创新体系中的地位。

美国的综合国力世界排名第一,教育质量和水平也处于世界的前列,然而,面对其他国家的追赶,也进行了多次教育改革运动。特别是20世纪80年代初,美国政府和民众普遍认识到教育质量上存在的"平庸"危机,不能满足来自国际科技竞争和市场经济重教育和效率的要求,开展了以追求优异教育质量为主题的教育振兴行动。伴随着这场声势浩大的教育改革运动,美国的第三次课程改革也轰轰烈烈地进行。以1983年的《国家处在危险之中:教育改革势在必行》报告为标志,美国制定了统一国家课程标准,强调英语、理科、数学、社会研究、计算机5门核心或基础课程,目的是以充分协调而富有学术内容的课程来取代那些肤浅的"自助餐式课程",最终达到确立美国在世界的科学文化主导和领先的地位。美国促进科学协会通过研究,认为在科学文化已经成为教育的中心目标的时代,美国的学生并未受到足够的科学文化教育,并由此导致了国家的衰退。于是,1989年美国颁布了《普及科学——美国2061计划》,提出应把科学、数学和技术教育的改革摆在重要的位置上。随后,美国政府出台了一系列的科技教育政策,增加科研开发和教育投资,以改变美国综合国力下降的趋势。1992年美国生产竞争力下降到世界排名第五位。美国的综合实力于2000年迅速上升到世界第一位,重新成为世界上最具竞争力的国家。美国能在如此短暂的时期内,扭转趋势,重新夺回世界经济霸主的地位,其中一个重要的因素是靠科技教育政策的调整和改革。

英国为了在21世纪抢占竞争的制高点,提出加强科学技术基础、提高劳动力大军的教育程度和技术水平是建设知识经济的关键问题,也是政府决策的重心。日本由于抓住了第三次技术革命的良机,成为发展速度最快的国家,自然不愿错过20世纪最后一次经济大发展的契机。与世界教育改革运动同步,日本于20世纪80年代进行了第三次教育改革。在这次改革中,教育的重要使命是适应21世纪的时代和社会变化,重新确立与国际化和信息化相适应的教育目标,以保证其世界经济大国的地位。

总之,20世纪80年代,以高科技产业为支柱、以教育为基础、以智力资源为主要依托的知识经济浪潮席卷全球。各国政府尤其是发达国家为了使本国在新一轮国际竞争中占领制高点,把科技兴国、教育兴国当成一个基本国策来抓,从民族的存亡高度来制定教育和科技的战略,构建国家知识创新体系。同时,一些发达国家以此为契机,掀起一场声势浩大的教育改革运动,目的是加强学生的科学素养、创造性和主动性培养,使他们在未来的世界竞争中立于不败之地。

(3)文化动因。课程是文化的载体,是对文化的教育选择、重组、改造和传播。因此,在课程改革的影响因素中,文化因素是课程改革的重要因素之一,起着催化作用。特别是在全球化的今天,文化对课程改革的影响越来越突出,是课程改革和课程政策制定不可忽视的知识基础。

课程改革是在不断变化的社会背景下进行的,而当前全球化正成为社会发展的主导趋势,于是对全球化的正确认识成为课程改革的立足点。在全球化时代,文化在社会发展和人的发展中的地位日益突出。甚至,有学者提出文化的力量是解决全球问题的有效途径,文化是社会的决定性力量,在保持文化多样化的情况下实现文化的整合是全球化社会的首要问题。这一思想反映在课程改革中,就是加强课程改革的文化自觉意识,从文化的视角来审视课程改革对不同文化群体的影响,从而保证不同群体生存发展的权利。但是,全球化时代的文化冲突所具有的复杂性,加剧了课程改革中的文化冲突和矛盾。

美国作为一个移民国家,如何整合移民带来的多元文化的矛盾和保持美国文化在世界上的领先地位成为课程改革者长期追求的目标。20世纪30年代的课程改革以"核心课程"为基础,目的是为不同文化背景的学生提供共同的生活经历和共同的社会环境,来体现"文化同化论"和"大熔炉论"。20世纪五六十年代,则用布鲁纳所倡导的"结构课程"取代经验课程,意在建立统一的标准,提高教育质量,确保美国文化的世界领先地位。

当然,由于美国没有自己严格意义上的原创文化,这种建立一种共同的新型的美国文化的构想只能是一种美好的理想。同样,以建立共同文化的"同化论"的课程改革也受到不同文化阶层的批评。20世纪70年代的美国课程改革,提出了"回到基础"的口号,更加注意改革中各种因素之间错综复杂的关联性。20世纪80年代以来,高速增长的流动性、文化多样的人口的教育需求给课程改革提出了新的挑战,但寻找共同文化的理想与多元文化的现实之间的最佳平衡点,始终是美国课程改革,当然也是美国教师教育课程改革的追求。

与美国不同,英国作为一个等级分化比较严重的国家,在进行课程改革时面临的最大问题不是各民族文化整合的问题,而是如何处理不同阶层的文化差异来保证教育改革的公平问题。纵观英国战后学校课程的发展与变革,他们的走向是:先是"综合课程",后又转向"国家课程"。《1944年教育法》使人人享受中等教育的口号变为现实。但是,随着教育民主化运动的深入开展,人们不仅追求教育机会均等,更要求教育过程和教育质量的平等。

于是,在20世纪60年代,英国出现"共同课程"的"综合学校",并且很快成为"主流"学校。但是,这次课程改革并未获得成功。1976年的《普鲁顿报告》引发了小学"整合课程"的改革。20世纪70年代中期爆发的经济危机,使得政府认识到课程是提高教育质量的关键,终于在20世纪80年代末期,各党派与课程专家达成实施"国家课程"的共识。虽然,国家课程遭到了各方的批评,但是,英国政府对该课程进行了不断修订,并提出面向 21 世纪课程的发展目标和基本技能要求。

日本自"明治维新"时期以来,在大力发展资本主义的同时,引进了西方文明,通过各种改革措施,从一个处于亚洲文明边缘的小国,一跃成为现在的世界经济大国。究其原因,我们发现,每当社会危机发展到必须改革的关键时刻,日本人总是一方面吸收先进的外来文化,另一方面坚守本民族精神文化的内核,巧妙地处理外来文化与本土文化相互借鉴与融合的关系。这一特点也同样反映在日本的课程改革上。在全球化的背景下,培养具有国际意识的"国际人才"成为世界教育改革所追求的目标。日本政府通过借鉴别国的教育改革经验,于 2002 年提出新课程方案,力求精选教学内容,鼓励学生参与社会实践,提高国际意识,提高学生独立思考能力和学习能力,增强国际竞争能力。

战后德国的教育发展也同样离不开历史文化传统重建和内化外来文化这一推动力。恢复时期的德国教育发展有两个明显特征:一是德国教育传统的延续与发展,二是占领国教育控制权和教育思想、教育内容对德国教育的渗透,特别是美、苏两大国的教育思想和教育的控制尤为突出。统一后的德国,教育事业几乎完全属于联邦各州的"文化主权"的范围之内,致使联邦各州的课程改革既有共性,也注意不同教育传统的保存。

2. 改革的目标

通过教师教育课程改革,推进教师专业化进程,提高教师质量一直是各国政府努力的目标,也是世界发达国家当前教育战略的共同措施。

美国的综合国力在世界排名第一,其教育质量和水平也处于世界领先地位,即便如此,美国也不断地进行教师教育课程改革。20 世纪 60 年代,一方面由于出生率的上升,导致学龄人口急剧增加;另一方面由于中等教育、高等教育不断拓展,美国面临着教师极为短缺的情况,所以,研究如何采取应急的教师培养措施是当时政府关注的焦点。这时,教师教育的重点由应付教师"量"的需求转向对教师"质"的追求。特别是 20 世纪 80 年代以来,"教师专业化"成为美国教师教育研究的重要领域。步入 21 世纪后,美国政府加快了教师教育改革步伐,并把改革的重心放在提高教育质量标准、完善教师教育机构上。

进入 21 世纪,美国教师教育课程改革则以一系列认定标准的公布与实施,对教师教育的质量提出进一步的具体化、高标准的要求,以推动教师教育实现专业化发展的目标。例如,美国教师认定委员会(NCATE)公布的《2000 年标准》中,对教师证书的认定提出了新的标准,它们是:候选人的知识、技能和意向;评估系统的机构评价;教学实习;多样性;教师的资格、成绩和专业发展;机构的管理与资源。由此,在教师教育课程改革中高等师范教育各专业本科设置了"普通教育"课程,加强了文理学科相互交叉与结合,注重科学的世界观和人文精神的培养。

第二次世界大战后,英国教师教育经历了几次改革,基本实现了教师教育大学化。但是,教师教育的水平还是不能令人满意。主要包括:第一,职前师范教育培养的大多数新教师所掌握的理论知识与实践脱节,对教学环境不熟悉,对教育政策认识不足,对自身教育教学活动和学生学习、发展的分析和评价能力不足,使得他们难以胜任教学工作岗位。第二,新教师在工作的前几年适应性较差,职业压力较大,再加上教师职业工资较低、工作环境差等客观因素,使得新教师的流失率在英国居高不下。第三,传统的教师职前教育与在职培训相互脱节的弊端,不利于教师的专业成长。

面对教师教育质量不高的状况,英国政府充分发挥政府的监督、规范职能,在调整教师教育结构、加强在职教师进修的同时,提高了对职前教师培训的要求,把对职前教师综合素质的培养纳入重要议事日程。尤其是 20 世纪 80 年代末、90 年代初以中小学为基地的教师教育改革使英国教师教育改革上了一个新台阶。

在 1998 年《教师:迎接变化之挑战》绿皮书的基础上,英国政府推出了不少改革教师教育的新措施。这些措施体现在课程改革目标上就是：为中小学教师培养规定法定的国家课程，如英语、数学、科学、信息与通信技术，并详细规定这些国家课程的教学目标和教学要求，以及接受培训者在获得教师资格证书时必须达到的学科知识、技能和教学实践能力标准；提出具有较强的、可操作性的 27 条教师基本技能及其对各项技能的鉴定方法，加强教师职业技能的培养；大力增加师范生实际教学实践活动，并将其作为最重要的考核指标。这些目标的提出与实施，旨在提高英国教师教育质量，使每个接受培训的师范生成为具有自信心、胜任力和理解力的富有效率的合格教师。

伴随欧洲一体化的进程，法国 1989 年颁布了对教师教育改革产生极大影响的《教育方针法》，并于 20 世纪 90 年代，取消了原有的师范学校和其他培训机构，代之为 IUFM。IUFM 打破法国以往各级教师分别培养的传统，对以往纷繁复杂的教师培训机构进行了统一，提高了教师培养的起点，对教师教育改革进行了有益的尝试。但是，时隔几年，法国通过广泛调查，认为这一教师培训体制仍然存在诸多弊端。其中，最主要的问题是政府没有对教师应具备的素质进行明确界定，致使 IUFM 自始以来的教师培训无法适应整个法国教育的需要。于是，2003 年，法国教师教育又出台了新措施，其中教师教育课程改革更加重视教师实践技能的培训，即在中小学教师培养过程中，课程设置面更宽，在课堂上为学习者提供更多的教学实践，加强实践环节，使教育理论和教育实践紧密结合，达到对教师职业能力培养的目的。

德国是一个联邦制的国家，宪法规定各级学校的建立、维持和发展，教师的培养和培训，学校的监督和管理等事宜均依照各州制订的法律法规进行管理，联邦各州对教育事业有充分的自治与自主权。但是，在这种教育管理体制下，联邦政府并未放弃对教师教育的统一要求。

根据联邦政府对中小学教师的统一要求，各州的教师教育课程在体现个性的同时，也具有一些共同的特征。例如，中小学教师培养通常采用两阶段模式,第一阶段为修业阶段,第二阶段为见习阶段。在大学(包括综合性大学和其他学术性高等学校)进行的修业阶段,主要以理论学习为主,尤其重视综合理科和综合文科以及教育科学课程的学习。例如,国家规定以中等学校教师为专业方向的师范生必须学习两门执教学科,并要求大学在教授这两门学科时针对中小学教育实际和提高与相关学科的联系,这就为师范生进入中学从事综合理科和综合文科教学打下了基础。在地方见习师范机构进行的见习阶段的课程,充分体现了教师教育实践性的特点。

明治维新后,日本成为一个君主立宪制的国家。自教师教育产生以来,日本一直没有放弃对统一标准、统一课程的追求。虽然,日本在战后实行了开放制,但对教师任职资格上有严格的国家标准,要求开设统一的国家审定课程,并于1953年由文部省制订教职课程认定制,1962年由教育职员组成审议会提出了统一的国家课程标准。值得注意的是,到了20世纪末,日本教师教育改革重点不同于其他发达国家继续放在强化教师教育的统一标准上,而是定位于教师特长和个性的培养。这一具有划时代意义的重大改革措施,使得日本教师教育改革目标也发生了质的变化。因为日本《教职员许可法》对获得教师许可证必须学习的科目以及授课的时数,甚至课程实施细则都作了详细的规定,所以对教师课程进行改革的余地很小,从而阻碍了教师培养课程的灵活搭配,更不能满足日本要求教师在具备"任何时代的教师都应具备的一般素质"的前提下,还应"具备适应时代变化的特殊素质"这一新目标。为此,日本对教师教育课程结构和课程内容进行了改革,如在课程设置上,增加多样化、高质量的教师培养课程;增设选学方式,以促进教师形成相应的专长和发展个性;通过"综合演习"课程的开发,来"培养站在全球角度行动的能力"的教师;为了培养新教师适应国际化、信息化社会变化的实际能力,外语表达能力和计算机的基本运用能力在教师教育课程上得到足够的重视。

俄罗斯教师教育是在苏联教师教育的基础上建立起来的,而苏联在培养目标、课程结构与内容、课程实施等方面暴露出与社会现实需求不适应的矛盾,是俄罗斯教师教育课程改革主要解决的问题。在培养目标上,鉴于苏联高等教育结构和培养目标的单一性,与世界高等教育多样化、普及化的发展相悖,而且不能从根本上满足国内对人才及学生自身发展需要的弊端,俄联邦于1992年通过了《关于在俄罗斯联邦建立多层次的高等教育结构的决议》,把教师教育作为高等教育重要组成部分,开始建立多层次教师教育结构的改革。

同时,教师教育在课程结构与内容上,科学至上与人文精神之间的矛盾,专业划分中存在过细、过繁、设置门类比例失调的弊端,统一要求与个性发展的失调以及教育理论与实践脱节等问题,迫使俄罗斯联邦政府通过颁布《高等职业国家教育标准》,来确立高等教师教育专业培养内容和水平的最低标准要求,进而对教师培养目标体系进行全面系统地规范,最终通过建构个性化的教师教育,来代替以往教师普遍使用统一的、大众化的教育方法培养未来教师的做法,达到努力培养未来教师的个性、积极性和创造性的目的。

(二)各国教师职业道德建设中教育课程改革的基本经验

教师教育课程改革是世界各国教育改革的重要内容,各国教师教育课程改革为我们留下了宝贵的经验,这些经验是我们今天进行教师教育课程改革的宝贵财富,值得我们思考与借鉴。

1. 通才与专才相结合

通才与专才的培养问题,一直是学术领域和社会生活中关注的问题,也是教师教育课程改革必须面对的问题。目前,在人们心目中关于通才与专才的界说和分野未必明确,但大家都认可通才是相对于专才而言的。专才是指在某一领域里有精深了解的人才。通才是具有善于修养自己以及同自然社会保持协调发展

第九章 新时期教师职业道德构建的前景展望

关系的知识和能力,并取得实践效果的人才。专才的出现是伴随着社会生产力的发展、新的社会分工的出现而出现的。特别是20世纪60年代后,科学文化领域出现了进一步的分化和教师专业化运动的蓬勃发展,专才的培养越来越在经济和社会发展中显示其特定的地位和作用。而作为专才对立面的通才,由于学识广博,具有跨学科或跨专业的学术基础、学术视野和综合能力,对学科或专业之间的内在联系、科学的整体性有更高的洞察力和把握力,表现出较强的学习能力、创新能力和适应性而深受人们的青睐。20世纪五六十年代以来,许多国家,尤其是发达国家十分重视通才教育,20世纪八九十年代,这种趋势更为明显。受其影响,发达国家教师教育课程改革在强调教师专业化的同时,也十分注重未来教师的通才教育,在课程改革中力求做到通才与专才的结合。一方面,发达国家为了让学生有更广阔的知识视野,采取多样措施对未来教师实行通识教育,另一方面,教师职业素质的训练也在不断加强。许多国家通过增加教育类课程比例,加大教育实践环节的力度提高未来教师培养的针对性和有效性。

2. 学科与专业相联系

一般认为,在教师教育发展过程中,经历了一个学术性与师范性不断走向整合的过程。师范性与学术性整合始于19世纪的美国高等师范学校的产生,此后,学术性和师范性一直是钟摆运动的两个端点,每一次摆动都影响着对方从而产生下一次摆动。在人们看来,师范性,是指教师教育的特殊性,它主要解决教师"如何教"的问题,即通过开设一些教育理论和实践课程,来培养作为一名教师应具备的道德品质、教育教学基本技能技巧、组织管理能力和教育教学科研能力等。所谓学术性,是指师范院校的学生在学科知识和科研中所表现出的、可与综合性大学同类系科相比的学术水平,它主要解决教师"教什么"的问题,即通过开设一些与中学开设的同类学科相应的学科课程来实现此目的。从课程的角度来说,人们习惯上称"师范性"的学习,是教育课程的学习。称"学术性"的学习,是专业课程的学习。

20世纪中叶,由于新技术革命的推动,社会的信息化与智能化发展对人的素质要求提高,进而加速了培养综合性人才观念的传播,发达国家的教师教育改变了过去狭隘的专业训练,要求各级教师不仅要有娴熟的教育教学知识与技能,还应有高深的学科专业知识和广博的科学文化知识。

目前,世界各国教师教育课程包括深厚的文理基础知识、至少有一门精深的专业知识、坚实的教育专业知识和严格的教育实习三大部分,每部分在不同国家的教师教育课程结构中所占的比重不尽相同,但大致是呈三分天下之势。即便如此,这三者孰重孰轻,所占比例应该如何,一直是各国教师教育争论不休的问题。近年来,随着人们的认识提高,教师教育课程结构发生了一些变化,出现了课程结构融合的趋势,表现在以下几个方面。

第一,受20世纪80年代出现的"学科教学知识"概念的影响,人们对专业课程教学理论进行研究,学科教学论从普通教育学中分离出来,学科课程与专业课程由简单相加走向了深层次上的融合。

第二,教育学科课程与任教学科课程趋于融合,体现了学科统一的思想。在美国,人们在强调基础课程的同时,都批评传统教师教育中文理课程与主修课程长期以来缺乏教育学基础,忽视教育理论和教学方法对未来教师影响的传统。在教师教育课程改革中,提出了学科融合以及教育理论研究应扎根于教育实践的建议。目前,这种融合还表现在教育学与心理学、社会学、人类学等其他课程的融合,这种融合逐渐成为一种改革的趋势。

3. 理论与实践相统一

教育理论与教育实践是一个双向互动的矛盾统一体,关于这一对矛盾,过去一直有争论,现在也没有完全取得一致意见。但是,有一点大家的看法是比较相近的,就是在这两者之间,我们不能只重视一方面而忽视另一方面。虽然,自教师教育产生以来,就一直重视教育理论的学习和教育实践的训练,但是教师教育理论与实践的脱离是当代世界各国教师教育改革共同面对的一个重要问题。

因为这种脱离使教师教育的实际效果得不到保证,无法保证教师教育的质量,更无法满足国家教育改革的需求。所以,在教师培养制度和体制上,无论是学历教育还是在学历教育基础上的教师资格证书制度都无一例外地强调教育理论的学习和教育技能的训练。教育理论学习和教育实践训练成为教师成长的必经之途。

目前,为了改变传统封闭式的课堂教学把学生的学习活动与社会实践活动、研究活动隔离开来,造成教育理论与实践的严重分离,导致教师教育培养低效的弊端,教师职前培养"以学校为本"的模式应运而生,如美国的"专业发展学校"模式和英国的"伙伴学校"模式就是其中的典型代表。

教师教育课程改革最终的落脚点是教师教育质量的提高。也就是说,未来教师素质和能力的养成是教师教育课程改革的最终目的。

4. 职前与职后相融通

从师范生成长为合格、优秀教师的渐进过程,是调整知识结构、能力结构和心态适应的动态过程。

对于这一过程的形成和培养,世界各国普遍分成三阶段完成,即教师的职前培养、入职训练和职后培训。随着科学技术的进步和终身教育思想的渗透,在教师教育培养体制上出现了职前培养、入职训练和职后培训一体化的趋势。受其影响,世界各国的教师教育课程改革也出现了课程设置一体化的特点。

首先,在设置课程时,各阶段的侧重点有所不同。职前课程设置重在打基础,奠定终身学习与教育科研的基础。入职训练注重的是适应性和针对性,帮助新入职教师尽快熟悉教育教学工作,缩短不适应期的时间。职后培训的重点是提高和养成个性化教师之教学。然后,在充分研究教师职后培训的不同需求的基础上,对教师教育各种职后培训的形式进行归类、分层,建构与之相适应的并与职前培养互通的各有侧重彼此衔接、互为补充的课程体系,制订与职前职后一体化相适应的课程计划、方案。通过这一阶段课程的学习,来提高教师的专业水准和工作成就,形成自己的教学个性,促使他们由合格教师向优秀教师、优秀教师向专家教师转化。

其次,课程设置的一体化,还表现为必修课程与选修课程设置的一体化。目前,许多国家都采取逐步淡化必修课程,强化选修课程和活动课程的做法,确保教师教育课程的设置一体化。例如,英、美在强调学好学科专业课的同时,加强师范教育的必修课内容,并根据中小学的实际需要增设一些辅修课。他们所开设的学科专业课与中小学开设课程相衔接,实行主辅修制,以增加师范生的适应能力,使他们成为"通才"和"专才"。

再次,教师教育课程设置的一体化与普通教育课程改革的一体化趋势。21世纪激烈的竞争归根结底是创新人才的竞争,各国政府为了在这场竞争中赢得主动,纷纷进行了普通教育的课程改革。教师教育作为普通教育的"母机",其课程改革必须顺应普通教育课程改革的变化,使课程设置、结构、内容与普通教育趋于一体化。

最后,教师教育课程设置的一体化,落实到教师教育的理论课程与实践课程一体化。为了改变教师教育课程理论与实践脱节,课程实效性不高的弊端,各国在教师教育课程设置中,都大力加强实践课程的比重,并在理论课程的学习中强化实践要素,进而提高教师的自主学习、合作交流以及分析问题、解决问题的能力。

5. 统一与多样相促进

作为国家教育发展支柱的教师教育,应该有相对统一的基本标准。同时,教师的水平与特点又必须与各地区的各级各类教育师资的实际需要、发展特色相一致，从而发挥教师教学的最佳效益。可以说，课程管理开放与灵活、集权与分权的有机统一已经逐渐成为各国教师教育课程改革的共识。通过考察世界各国的教师教育课程管理，我们发现，不论是实行地方分权的教育管理体制的美、英，还是中央集权色彩极为浓厚的法国、俄罗斯，他们在各自的课程管理上都不同程度地表现出国家控制与地方特色有机结合，呈现出课程管理灵活性的特点。

长久以来，美国由于教育行政管理实行分权制，教育管理权属各州所有。教师教育的课程设置等由各州自行决定，甚至是同一个州各院校师范教育专业的课程设置也不完全相同，形成了教学内容和教学形式的差异。但是，近些年，美国教师教育课程管理明显地强化国家的统一标准，以法律的形式或国家规划等措施推进国家课程设计与实施方案的执行。同样，在英国，教师教育也是由地方教育当局会同有关培训机构共同管理。虽然全国有大体统一的课程模式，但在具体的招生标准与方式、学制，特别是培训内容和方法方面，各地区、院校和系之间有很大的差异，并未强求全国的统一。

综上所述可知，在教师教育课程管理上，国家控制与地方特色有机结合是许多国家教师教育课程改革留下的重要经验。

第二节 教师职业道德建设的现实审视与未来走向

教师职业道德建设是教师队伍建设的重要内容，是教师职业达到专业化水平的基本素质要求。在新的历史时期，要建设一支为人民服务的、让人民满意的教师队伍，就必须针对师德建设过程中存在的问题，进一步加强和改进师德建设，为师德建设注入新的内容，增加新的内涵。

一、教师职业道德建设的现实审视

新的发展背景需要对师德建设进行新的审视。应该说,当前师德建设总体是好的,但也存在一些问题,主要表现在以下几方面。

(一)现代教育对师德的高要求与教师对自身职业低认同的冲突

伴随着现代化建设的深入推进,"科教兴国""人才强国"战略的实施,全社会各阶层给予教育极大的关注和支持,也对教师的素质和育人水平寄予厚望。多数教师的从业态度基本上是端正的,但仍有少数教师因受拜金主义、个人主义、享乐主义等的冲击,其人生观、价值观、道德观不够完善,未能充分认识到自身所担负的为祖国强盛和民族振兴培养人才的重任,缺乏师德修养的自觉性。

(二)教师树立权威与学生渴望民主之间的冲突

现代教育观认为,教育活动是"教"与"学"两大主体围绕着知识传授和能力培养而展开的双边互动过程。师生关系的和谐程度是衡量教育效果的重要尺度。教师自身职业道德素质的高低相应地成为制约师生关系的重要因素。在师生交往中,很多教师采用单向交往的方式,无论是课堂教学还是对学生的管理,常采用单向"灌输"的方法,对学生道德习惯的养成漠不关心,育人意识淡薄。问题在于现在的学生民主意识比较强,他们不希望被动地接受管理和教育。如果教师不善于转换角色、淡化"管理者"意识,就很难得到学生的信任和配合,师生之间产生冲突往往也就在所难免。

(三)团结协作的职业道德需求与教育专业领域孤立、封闭的冲突

现实社会中,教师之间不团结、不合作甚至伤及学生、危害社会的事情时有发生。主要表现为:一些教师孤立封闭自己,不与

他人交流,忽视或否定其他教师的作用,漠视集体,对他人工作漠不关心;一些教师个人主义思想道德观念严重,存在"同行是冤家"、文人相轻的传统职业心理,夜郎自大,片面追求个人的教育威信,贬低或损害其他教师的威信;一些教师缺乏现代教育的竞争意识,不能正确对待竞争,尤其是在涉及教师职称申报、绩效考核等方面,为了保持自己在教学和研究中的"优势地位",相互拆台,见利忘义,造成同行之间关系的不和谐等。

二、教师职业道德建设的未来走向

在新的时代背景下,要充分重视和关注以德行为基础的师德建设,把社会主义核心价值观作为师德建设的灵魂,用社会主义核心价值观引领师德建设,努力形成"培养德行为主,遵循规范为辅"的师德建设新格局。即在科学发展观指导下,强化现代师德的人本性、专业性、公正性特征。具体而言,要做到以下几点。

(一)倡导学术规范

遵守学术规范是塑造教师人格,提升教师专业素养的基本要求,是教师在教育教学实践中对"真"字不懈追求的品格和精神,更是教师在教育教学实践中实事求是、追求真理、勇于探索的集中体现。倡导学术规范,就要求教师要培养求真务实、勇于创新、坚忍不拔、严谨自律的治学态度和学术精神,刻苦钻研业务,终身学习,努力提高自身科研水平,不断提高教学质量;要求教师在教育教学实践中始终保持一种追求客观真理、勇于反思质疑、不断探索创新的精神状态,禁止弄虚作假、徇私舞弊,禁止抄袭剽窃他人学术成果和劳动成果,堂堂正正地做人和做事。

(二)倡导创新精神

创新是民族进步的灵魂,是国家兴旺发达的持久动力。勇于教育创新是时代发展对教师提出的新要求。勇于创新的态度和创新的精神,是科学技术和经济持续发展对师德修养的新要求,也是每个公民自我完善和发展对师德修养的新要求,更是教师应该遵循的基本原则。

倡导创新精神,就要求教师要坚持终身学习,大胆改革,勇于创新,不断提高自身理论水平;树立学生主体意识,更新教育观念,认真开展课堂教学改革和教学研究;形成现代教育观,科学地认识和评价教育教学活动;努力掌握现代教育技术,培养快捷获取与利用信息资源的能力。

(三)倡导环境道德

倡导环境道德,就要求教师要增强环保意识,学习、宣传环保知识,提高保护环境自觉性,积极参加保护环境的公益活动;要热爱家园,建立人与自然的和谐关系;保护自然,维护生物多样性;认识资源的有限性,反对浪费和挥霍资源的不道德行为;正确利用资源,反对损人利己的行为,着眼于民族、国家、人类的长远利益。

(四)倡导网络道德

网络世界是现实社会的虚拟,上网交流、发布信息、浏览网页已成为现代人生活的一部分,因此,在其他生活领域应该遵守的道德准则,在网络世界也同样适用,否则社会公德会受到普遍的破坏。由于道德历史性的特点,网络道德既要包含对传统道德优秀内容的充分肯定和继承,又要直面和顺应社会变迁,对道德观念不断"吐故纳新"。

倡导教师的网络道德,就要求教师要主动学习网络知识,端正工作态度,树立较强的责任心;了解网络,提高分辨能力,维护网络安全,做学生的表率;尊重他人知识产权,保护个人隐私,不伤害他人及损害社会公共利益。在教育工作中要自爱自律,抵制网络诱惑;自觉地遵守网络法规或有关规定,规范上网行为,文明上网、依法上网;增强防范意识,自觉维护网络安全,抵制不良信息,做一个合格的网络人。

参考文献

[1]段文阁.教师职业道德[M].济南:山东人民出版社,2012.

[2]冯益谦,谢文新.教师职业道德导论[M].武汉:华中师范大学出版社,2014.

[3]关玫玫.教师职业道德修炼[M].长春:东北师范大学出版社,2010.

[4]郭平,熊艳.教师专业发展概论[M].成都:西南交通大学出版社,2017.

[5]黄蓉生.教师职业道德修养[M].重庆:西南师范大学出版社,2001.

[6]黄正平,刘守旗.教师职业道德新编[M].南京:南京大学出版社,2010.

[7]李家祥,王雯.职业道德教育[M].昆明:云南大学出版社,2006.

[8]李明善.教师专业发展论纲[M].长春:吉林大学出版社,2011.

[9]李文治,袁林.幼儿教师师德修养与专业发展[M].北京:人民邮电出版社,2017.

[10]李有彬,于百河.中小学教师职业道德概论[M].哈尔滨:黑龙江人民出版社,2006.

[11]连秀云.新世纪教师职业道德修养[M].北京:教育科学出版社,2002.

[12]刘亭亭.教师职业道德[M].北京:北京大学出版社,2017.

[13]路丙辉.教师职业道德修养[M].芜湖:安徽师范大学出版社,2015.

[14]钱焕琦.教师职业道德[M].上海:华东师范大学出版

社,2015.

[15]檀传宝.教师伦理学专题——教育伦理范畴研究[M].北京:北京师范大学出版社,2010.

[16]檀传宝.教师职业道德[M].北京:北京师范大学出版社,2015.

[17]陶行知.教育文选[M].北京:教育科学出版社,1981.

[18]王国昌.教师职业道德[M].武汉:华中师范大学出版社,2014.

[19]徐廷福.教师职业道德修养[M].北京:北京师范大学出版社,2015.

[20]杨芷英.教师职业道德[M].北京:高等教育出版社,2007.

[21]于胜刚.教师专业发展导论[M].北京:北京大学出版社,2015.

[22]周德义.新时期中小学教师职业道德教程[M].北京:开明出版社,2009.

[23]赵多山.教师专业素养的修炼[M].北京:光明日报出版社,2015.

[24]陈霞.教师专业发展的实效性研究[M].北京:北京大学出版社,2012.

[25]朱旭东.教师专业发展理论研究[M].北京:北京师范大学出版社,2011.

[26]徐文峰.教师专业发展实践导论[M].北京:人民日报出版社,2014.

[27][苏]苏霍姆林斯基.和青年校长的谈话[M].赵玮等,译.上海:上海教育出版社,1983.

[28][美]Guskey Thomas R.教师专业发展评价[M].方乐,张英译.北京:中国轻工业出版社,2005.

[29]人民教育编辑部.学习贯彻《中小学教师职业道德规范(2008年修订)》的若干问题——教育部师范教育司负责人答本刊记者问[J].人民教育,2008(19).